神と霊魂

――本居宣長・平田篤胤の〈神〉論アンソロジー――

子安宣邦

作品社

まえがき——国学観の転回と新たな展開

私は本居宣長国学の中心的概念を「神」と見、平田篤胤国学の中心的概念を「霊魂《たま》」と見ます。さらに宣長国学が近代日本で正統の位置を占めていたのに対して篤胤国学はむしろ異端に位置づけられてきたことをふまえていえば、「神と霊魂」とは国学における「正統と異端」を意味することでもあります。たしかに近代日本の歴史学や思想史学などにおいて宣長国学は常に研究上の正統的主題の位置を占めてきたのに対して、篤胤国学は幕末維新期に担った重要性にもかかわらず近代日本では常に異端的国学とみなされてきました。またその学術的言説としての非合理性が常に非難されてきました。

今回の『神と霊魂』と題された私の著書は宣長国学を正統とし篤胤国学を異端とする伝統的な規定を根本的に読み直そうとするものです。また非合理的とされる篤胤の死と死後霊魂の行方をめぐる救済論的記述に篤胤神学の積極的な意味を見出そうとするものです。私は今回宣長と篤胤の「神」の概念規定を含む、それぞれの国学的神学的議論の展開を現代語に訳すとともに、私の評釈的言葉をそれに付しました。これは国学者宣長の近代天皇制国家の正統的国学者たる所以を一層明らかにするとともに、国学者篤胤が異端的国学者であることによって、いかに民衆の死後霊魂をめぐる救済論的な国学者たりえたかを明らかにするものです。

篤胤は国学的神学を救済論的神学として再構成するために天主教書の教理の受容に努めました。その翻案等による受容的努力の過程は未定稿『本教外篇』として遺されております。本書第六章にその重要な部分を読みやすい形で紹介しました。

この『神と霊魂』は小著といえども、われわれが天皇制国家とともに背負ってきた国学観の転回と新たな国学観への展開とに資する意味は大きいと信じています。

なお本書第三章で宣長の「神の道」をめぐる論争文『直毘霊《なおびのみたま》』の全文を現代語訳するとともに、この『直毘霊』から導かれる思想的問題——現代日本に深く大きな影響を与えている問題を論じた私の文章「絶対的保守主義としての天皇の道」を本書の末尾に付したことをおことわりしておきます。

二〇二二年三月三〇日

子安宣邦

目次　神と霊魂

目次

神と霊魂

序——「神」の成立と「霊魂」の行方

私たちが神社で拝する「神」とは何かを、はじめて学問的な手続きをもって明らかにしていったのは国学者の本居宣長（一七三〇―一八〇一）です。学問的というのは、『古事記』や『日本書紀』という古書・古記録に見る日本の「神」とその祭祀の伝承にしたがって考えるということです。宣長によって日本で古来「神」とするものは何か、また神社で人びとが拝する「神」とは何かが明らかにされていきました。明治以降、日本の神道的理論も立場も、この宣長の「神」を本にして考え直されていきます。

しかし宣長が明らかにした「神」とは、古来日本人が信心してきた仏でもあり、神でもあり、聖《ひじり》でもあるような神ではありません。また「だれの心にも神は宿る」といわれてきたような神でもありません。というのは、日本人は昔から仏教や道教、あるいは儒教と混じり合いながら神や神道の教えを受け入れてきたのですが、宣長はそうした混合を排するようにして日本の「神《かみ》」を明らかにしようとしたからです（第一章）。これは学問的にも、思想的にも大変な作業です。しかし宣長のその作業によって、たしかに日本の「神」は成立したのです。

さらに宣長はこの日本の「神の道」、すなわち日本本来の神道とは何かを、論争的な文章によって明らかにしていきました。なぜ論争かといえば、神道とその教えとはこの時代まで儒家的な考えと言葉とによってのべられたものだからです。私がここに現代語訳した『直毘霊』（第三章）とは、日本の「神の道」を宣長が論争的に明らかにした著述です。

さて宣長の後の国学を代表した人物に平田篤胤（一七七六―一八四三）がいます。篤胤は宣長の〈没後の弟子〉であると称し、宣長を師として仰ぎ続けましたが、彼は師宣長を超えて独自な方向へと国学と神道の考えを進めていきました。篤胤の時代、すなわち江戸の後期とは、やがて黒船がもたらす国際的緊張の中で体制変革の運動も始まっていこうとする時代です。篤胤はこの時代の要請を敏感に察しながら、日本の神々の神話的体系を新たな宇宙論的な体系に組み替えていこうとしました。

篤胤の問いとは、日本神話における「神」とは何かではなく、端的に「神」とは何かです（第二章）。そして日本神話の〈始めの神〉も、天地に先立つ創造神的〈始まりの神〉としてとらえ直されます。この創造的主宰神・産霊大神の〈産霊《むすび》〉の働きがこの世の人びとにとってもつ大事な意味を、篤胤はことに地方郷村社会の指導層に向けて語っていきました。

さらに篤胤は国学的神道学の上で大事な仕事をしていきます。それは人びとの〈安心《あんじん》〉への問いに答えるという仕事です。〈安心〉への問いとは、救済への問いです。死後、私たちの「霊魂《たま》」はどこに落ち着くのだろうか。〈あの世〉という落ち着く先があって、そこに安らかに、永く鎮まるということが確かならば、この世の人びとにとってそれは大きな救いとなるでしょう。一般に神道は、そして宣長の神道もこの〈安心〉への問いに答えることはしませんでした。これに答えていったのが篤胤です。篤胤は、「霊《たま》の行方の安定《しずまり》」（『霊《たま》の真柱《みはしら》』）を明らかにすることを彼の国学形成の動機としてもっていたともいえるのです（第四章）。

「霊魂」の行方をめぐる篤胤の考察は（第五章、第六章）、人びとの切実な〈安心〉への問いに答えようとする篤胤国学の展開でありながら、それは近代の神道学からは無視され、傍らに斥けられていきました。私がこの書を「神と霊魂」として、宣長による「神」の成立と、篤胤による「霊魂」の行方の考察をもって構成しようとしたのは、近代日本の神道あるいは神道学が、何を主軸として形成され、何を拒絶し、あるいは何を失っていったのかを知るためでもあります。私たちは近代に先立つ宣長と篤胤のこの二つの神道・神道学を見ることによって、近代の神道・神道学についてのさまざまなことが問われてくるでしょう。この書からそのような問いが生まれてくることを切に期待しています。

私の宣長・篤胤に関する著書（発行年代順）

『宣長と篤胤の世界』中公叢書、中央公論社、一九七七
『本居宣長』岩波新書、一九九二／岩波現代文庫、二〇〇一
『「宣長問題」とは何か』青土社、一九九五／ちくま学芸文庫、二〇〇〇
『平田篤胤の世界』ぺりかん社、二〇〇一
『本居宣長とは誰か』平凡社新書、二〇〇五
『宣長学講義』岩波書店、二〇〇六

第一章　神はカミなり——本居宣長の「神」の注釈

「神」とは何かという問いに、『古事記』や『日本書紀』における日本神話の「神」を明らかにすることで答えようとしたのは江戸時代の国学者たちです。その最初のまとまった答えを出したのは本居宣長（一七三〇―一八〇一）です。宣長は日本の現存する最古の記録とみなされる『古事記』の注釈をライフワークとし、全部で四四巻にも及ぶ『古事記伝』という注釈書を完成させました。宣長による「神」をめぐる注釈と考察とは、その『古事記伝』の第三巻でなされています。

ところで記紀における日本神話の「神」とは何かと問うことは、神一般の意味を問うことではなくて、古代日本の人びとが神としていたものは何かを問うことです。したがってそこで問われる「神」とは実は「カミ」、すなわち日本語でいう「神《かみ》」です。宣長はそれゆえ、日本語でいう「カミ」とは何かを問うたのです。ここではじめて日本人にとっての「神」、古来日本人がある心的態度をもって接してきた「神」すなわち「カミ」とは何かが問われたのです。だからこの問いとその答えとから、まさしく日本の「神《かみ》」は成立するといえるのです。

記紀時代の日本にはやまとことばを表記する文字すなわち平がなも片カナもありません。それゆえ『古事記』の神話を記す文章も漢字・漢文で書かれているのです。そうすると宣長がした『古事記』の注釈とは、この漢字・漢文で書かれた『古事記』の文章をやまとことばでもって訓《よ》み下していくことだといえるのです。訓《よ》むとはもともと字句を解釈することです。漢字・漢文のテキストを日本人が読む場合、それを日本語で解釈しながら読んでいきます。それが漢文を訓《よ》み下すという作業です。

宣長は『古事記』の漢文テキストの背後に古くからのやまとことばの伝承があると考えました。だから『古事記』の漢文テキストを日本語で訓み下すことは、日本神話という古来のやまとことばによる伝承世界を読み出すことでもあったのです。宣長によるこの漢文テキストの訓み下しが注釈学という学問的作業だといえるのは、その訓み下しが恣意的ではなく、十分な証拠と理由とをもってなされる作業だからです。宣長の『古事記伝』が現代にいたるまで高い評価をえているのは、その注釈が古学という方法論的な準備をもった、高い実証性を備えた作業であったからです。

宣長は「神」は「カミ」と訓むべきことをいいます。この訓みの先に待ち構えているのは、やまとことばで「カミ」ということの意味を明らかにすることです。「カミ」という言葉の意味を、宣長は「カミ」の名義、すなわち「名の義《なこころ》」といっています。「カミ」の名義とは、「神」がやまとことばでもって訓《よ》み下す国学的な注釈の作業は、たとえば「カミ」といったやまとことばの最重要な名辞の意味を明らかにすることで完結すると考えられるかもしれません。たしかに日本語を構成する言葉の〈原義〉追求に情熱を傾けた言語学者はいまでもいます。だが宣長は違います。

宣長はやまとことばによる訓み下しには徹底してこだわりました。しかしやまとことばの名辞の〈原義〉解明に宣長はこだわることはしません。たしかに名辞の〈原義〉を明らかにするには、その名辞の言語的な成立にまで遡っていかねばなりません。それは困難な、同時にきわめて危うい作業でもあります。ともすれば恣意的な推定に陥りかねない作業なのです。宣長はそのことを十分に承知していました。それゆえ周到な注釈学者宣長は「神」とは「カミ」であるとはいっても、その「カミ」の名の義《こころ》を明らかにしようとはしないのです。宣長は「カミ」の名義解明の道をとることを断念します。

では名義解明の道によらずして、宣長の『古事記』注釈学は「カミ」とは何かの問いにどのように答えたのでしょうか。宣長はどのようにして日本の「神《かみ》」を人びとの理解のうちに成立させていったのでしょうか。私たちはいまこうした緊迫した問いかけをもって、『古事記伝』における「神」の注釈の文章を読まねばなりません。「神」とは何かの問いに答えようとする宣長の注釈とは、もうすでに注釈という枠をこえたものです。それは新たな神話的テキストの理解の方法と既存の「神」理解の立場への批判からなる高度に批評的で、戦略的な思想的言語からなる文章です。

私がここに現代語訳したのは宣長の『古事記伝』第三巻における「神」と「高御産巣日神《たかみむすびのかみ》・神産巣日神《かみむすびのかみ》」についての注釈です。宣長がこの注釈を通じてどのように日本の「神《かみ》」を、また「産霊《むすび》の神」を成立させていったのかを、じっくりと読んでいただきたい。

〔凡例〕以下の注釈文中の【　】内の文章は『古事記伝』本文における割り注です。この割注に宣長の大事な思想戦略的な言葉が書き込まれています。それゆえこれを本文なみに重視して表記しました。また小見出しは私が付したものです。テキストは『本居宣長全集』第九巻（筑摩書房、一九六八）所収のものです。

まず『古事記』本文の冒頭の一節を最初に掲げておきます。この訓み方は宣長によります。

「天地《あめつち》の初発《はじめ》の時、高天《たかま》の原に成りませる神の名《みな》は、天之御中主神《あめのみなかぬしのかみ》、次に高御産巣日神《たかみむすびのかみ》、次に神産巣日神《かみむすびのかみ》。此の三柱《みばしら》の神は、並独神《みなひとりがみ》成りまして身《みみ》を隠したまいき。」

「神」の注釈（『古事記伝』三之巻より）

神はカミである

「神の名」は「カミノミナハ」と訓《よ》むべきである。後にある「神の御名《みな》」という丁寧な表記を基準にして、ここでも丁寧に訓まねばならない。「神」はカミである。だが、カミという名の義《こころ》、カミという言葉の本《もと》の意味は私にはまだ思い当たらない（「迦微《かみ》と申す名義《なのこころ》は未だ思ひ得ず。」）。

【これまでにカミの本の意味として説かれてきたことは、皆当たっていない。】

カミとは何か

さて、およそカミという存在は、古代の記紀などの書に見えている、天と地のもろもろの神たちを始めとして、その神たちを祀っている神社の御霊《みたま》をもいうのである。また人だけではなく、鳥や獣《けだもの》、木や草の類い、さらに海や山でも、そのほか何であれ普通ではない特別にすぐれた徳《ちから》をもち、人が恐れうやまうべき存在をカミというのである（「何にまれ、尋常《よのつね》ならずすぐれたる徳《こと》のありて、可畏《かしこ》き物を迦微《かみ》とは云なり。」）

善くも悪くもすぐれている神

【ここで「すぐれた」というのは、その尊さとか善さとか、その功徳のすぐれていることだけを

いうのではない。悪く、奇怪であっても、世にすぐれて恐るべきものを神というのである。】

人の中の神

【さて、人の中の神であるのはまず、恐れ多くも天皇である。歴代の天皇がみな神であることはいうまでもない。天皇を「遠つ神」と崇《あが》めていうように、世の人びとからはるか遠くにおられて、尊くも恐れ多い方であるゆえに神なのである。それに次いで神であるものは、古今を通じて多く存在する。また、天下に勢力を張るほどではないが、一国、一村、一家のなかにも、ほどほどに神というべき人はいるのである。さて神代の神たちも、多くはその代の人であって、その代の人は皆神であったゆえ、その代を神代というのである。】

人ならざる神

【人ではないもので神であるものについていえば、雷《いかづち》が神であることは、「鳴神《なるかみ》」とか「神鳴り」と世にいう通りである。竜《たつ》や木霊《こだま》や狐などの類《たぐ》いも、際立って怪《あや》しく、恐るべきものであるので神である。木霊というのは、世にいう天狗《てんぐ》であって、漢《から》の書物で魑魅《ちみ》という類いのものである。日本書紀の舒明紀で「その吠える声は雷に似る」という天狗は別物である。また源氏物語などで「天狗こだま」といっているが、それは天狗とは異なるように聞こえる。おそらくその当時、天狗とも木霊ともいったために、何となくそれを一つなぎにしていったものである。天狗も木霊も本当は一つのものである。いま、俗にこだまというのは、古くは山彦《やまびこ》といったものである。ここに必要な言及ではないが、木霊に因んでいっておく。また虎や狼をも神といったことは、日本書紀や万葉集などに見出せる。それから桃の実にオホカムツミの命《みこと》という名を与えたり、御頸玉《みくびたま》をミクラタナの神といったような類い、また「磐根《いわね》・木株《このもと》・草《かや》の片葉《かきは》」もよく物をいったりする類いも、それらがみな神だからである。海や山などをも神といったことは多い。それは山や海の御霊《みたま》を指して神といったのではなく、その海や山を指して直ちに神といったのである。それらが大変に恐れ多く、畏《かしこ》いものだからである。】

カミはさまざま

そもそもカミとは、このようにさまざまで、貴いカミもあれば賤しいカミもあり、強いカミもあれば弱いカミもあり、善いカミもあれば悪いカミもあるのである。その心も行いも、さまざまなカミのあり方にしたがってさまざまである。

【貴賤にもそれぞれ段階があり、もっとも賤しい神の中には、ほとんど徳《いきおい》がなくて、普通の人にも及ばないものもいる。あの狐なども怪しい仕業《しわざ》をすることに関しては、どんな巧みな技《わざ》をもつ人もかなわないほどであり、まことに神であるのに、いつもは犬などにも制せられる賤しい獣であるのだ。しかしそのような賤しい神の上だけを見て、どのような神でも、道理でもって立ち向かえば、それに打ち勝つほどの恐ろしい力をもった神などはないと思うのは、貴い神と賤しい神の威力には大きな違いがあることを知らないものの誤りである。】

カミは一向きに定め難い

それゆえ、カミとはこうであると、一向きに決めていうことは難しいものである。

神は道理のままではない

【神とはそのようにさまざまであるのに、世の人びとは外国でいう仏とか菩薩《ぼさつ》、あるいは聖人などと同じ類いのものと心得て、神なら当然こうあるべきものというような道理を押しあてて考えるのは、大変な間違いである。悪く邪《よこしま》な神は、何事も道理に逆らうような仕業《しわざ》を多くするものである。また善い神でも、その善さの程度によっては、正しい道理のままではないことをもしたりするのである。善い神も事柄によっては、怒り、荒々しい振る舞いにも及ぶのである。また悪い神でも、喜びなごむときは、人に幸せを恵んだりすることもないわけではない。】

人智で測ってはならない

【また人はそうとは知らないのだが、その神の仕業で、さしあたって悪いと思われることでも、実は吉《よ》いことであったり、善いと思われることでも、実は凶《わる》いことであったりする道理もあるはずである。すべて人の智には限りがあって、人に本当の道理は知りえないものであるのだから、あれこれと神の上を思い測って論じたりすべきではない。】

カミとは畏《おそ》れかしこむべきもの

まして善い神にせよ悪い神にせよ、その徳が大変に尊く、すぐれている神々にいたっては、かぎりなく霊妙で、不思議な徳《ちから》をもった神々でいらっしゃるのだから、ますます人の小さな智恵をもってしては、その道理の千分の一をも測り知ることなどできはしない。ただただ神の上を尊み、畏れかしこむべきである。

カミは体言

【カミを書き表すのに「神」の字をもってしたことは当たっている。ただしカミというのは体言であるから、ただちにその物を指していうのであって、その仕業や働きなどを指してカミということはない。だが漢《から》の国（中国）でいう神とは、物を指していうだけではなく、その仕業や働きをも指してもいうのである。体言にも用言にも用いられる。たとえば漢の書籍で「神道」というのは、測り難く奇《あや》しい道ということで、その道の神妙なありさまを指して神というのである。道の外に神という存在があるわけではない。】

皇国《みくに》のカミの道と漢《から》の神道

【わが皇国でカミの道といえば、それは神が始められ、行われた道ということであって、その道の神妙なありさまを指してカミということではない。もし「カミなる道」といえば、それは漢の「神道」のようであるけれども、それはなおただちにその道を指して「カミなる道（カミである道）」というのであって、道のありさまを指していうのではない。日本書紀に「神剣」「神亀」などとある神の字も、漢文の意で、剣や亀の徳を指していうので、神妙な働きの太刀、神妙な働きの亀ということである。だからこれをカミと訓《よ》んではならない。もしこれを「カミタチ」「カミガメ」などと訓めば、それはただちに剣や亀を指して、それをカミと名づけたことになってしまう。およそ皇国《みくに》言葉の意味と漢字の意義とは、完全には合わないことが多いのだが、わずかに合わないところがあっても、大体において合っている漢字を取ってきて、皇国言葉に当てたのである。そのことをよく心得ておくべきである。また漢の書籍に、「陰陽測られざる、之《これ》を神と謂う」

といったり、「気の伸ぶるを神と為し、屈するを鬼と為す」などといっているが、これらの説に従ってカミを考えてはならない。このようにいかにも賢そうに理屈ばって説を立てるのが、漢国の人の癖である。】

この宣長の『古事記伝』における「神」の注釈は宣長の注釈学的作業を代表するような性格をもっている。宣長は「神《かみ》」の言辞の古えの意味を釈《と》き出そうとするのだが、その時徹底して斥けるのが漢字「神」によって予めわれわれの中に構成され、持ってしまっている意味である。したがって宣長の「神《かみ》」の注釈は「漢意《からごころ》批判」という漢字・漢文をめぐる思想論的・文化論的批判をともなうことになるのである。これはただ「神」字にかぎることではない、『古事記伝』自体が『直毘霊《なおびのみたま》』という「漢《から》」に対するイデオロギー批判的宣言を序としているのである。

「高御産巣日神・神産巣日神」の注釈（『古事記伝』三之巻より）

宣長の『古事記伝』における神についての周到な注釈の代表例として「高御産巣日神・神産巣日

神」についての注釈を見てみよう。なおこの注釈中で宣長は「今から古えを見る」という一般的視点の転倒としての「古えから今を見る」という古学的視点の重要性をいっている。

神名の訓み方

高御産巣日神はタカミムスビノカミと訓む。高木神《たかぎのかみ》はこの神の別名である。

神産巣日神は、『日本書紀』には神皇産霊尊《かむみむすびのみこと》とあって皇《み》の一字が多い。たしかに神産巣日は高御産巣日と並ぶ神の名であるから、これも高御《たかみ》と同様に神御《かみみ》とあるべきはずである。ところが延喜式の祝詞《のりと》「出雲の国の造《みやつこ》の神賀詞《かむよごと》」には高御魂《たかみむすび》・神魂命《かみむすびのみこと》とあり、また「祈年《としごい》の祭詞《まつりごと》」にも神魂《かみむすび》・高御魂《たかみむすび》とある。これらから考えると、すべて古言で同音が二つ重なる場合には一つに縮約していう例がいくつもあり、ここでも神御《かみみ》と重なるゆえ縮約していい伝えたのであろうと考えられる。したがって神《かみ》のミに御《み》も具わるとして、神産巣日神はカミムスビノカミと訓むべきである。高御産巣日の高《たか》も御《み》も称えていう言葉である。神産巣日の神《かみ》（神御《かみ》）も高御と同様に称えていう言葉である。

ムスビとは

産巣日《むすび》は、その表記の漢字はみな借り字（仮り字）で、ムスは生《む》すである。それは男子《むすこ》・女子《むすめ》のムスであり、また「苔のむす」などのムスである。【万葉には「草むさず」などもある。】ムスとは物が生まれ出ることをいう。【それからすれば産の字は仮り字とせずに正字と見てもよい。日本書紀にも産霊《むすび》と書かれ、また産日《むすび》とも書かれている。】ビは、日本書紀に産霊《むすび》と書くその霊の字がよく当たっている。すべて物の霊異《くしび》（神秘）であることをヒという。【奇《く》しびのヒはもとよりこのヒである。】

高天の原においでになる天照大御神を、はるかこの地上より仰ぎ見て日《ひ》と申し上げるのも、天地の間にあって比類なく、もっとも奇《く》しびであるゆえにそう申し上げるのである。彦《ひこ》・姫《ひめ》などのヒも、その奇《く》しびであるゆえの美称である。また禍津日《まがつび》・直毘《なおび》などのヒも同様に奇《く》しびのヒである。

それゆえ産霊《むすび》とは、すべて物を生み成す働きをする奇《く》しびな神霊《みたま》を申すのである。高御産巣日神・神産巣日神の外にも、火産霊《ほむすび》・和久産巣日《わくむすび》・玉留産日《たまづめむすび》・生産日《いくむすび》・足産日《たるむすび》・角凝魂《つぬこりむすび》などという名をもつ神々があるが、その名のムスビの意味はすべて同じである。

ムスビの神の働き

さてこの世に有りとあることは皆、この天地を始めとして万ずの物も事もことごとくこの二柱のムスビの大御神の産霊《むすび》の霊力によって成り出るのである。

ムスビの神の事跡

【ではその事を、古事記に事の跡として顕れている一、二の例によっていってみよう。まず伊邪那岐《いざなぎ》・伊邪那美神《いざなびのかみ》が国土万物、そして神たちをもお生みになったその初めは、天つ神の詔命《おおみこと》によるものである。天つ神とは天之御中主神・高御産巣日神・神産巣日神などの五柱の神である。また天照大御神が天の石屋《いわや》に刺し隠《こも》られた時も、また御孫《みま》の命《みこと》が天降《あまくだ》りされる際、この葦原《あしはら》の中国《なかつくに》を平定する神を遣わす時にも、そのことを思い慮《はか》られた思金神《おもいかねのかみ》とは高御産巣日神の子である。またこの国を造り固めた少名毘古那《すくなびこな》神も、神産巣日神の子である。また天之忍穂耳命《あめのおしほみみのみこと》と結婚されて天照大御神の御孫《みま》の命をお生みになった豊秋津師比売命《とよあきつしひめのみこと》も、この神産巣日神の娘である。またこの中国《なかつくに》の荒々しい神たちを従わせ、御孫《みま》の命が天降りなさったのも、みな高御産巣日神の詔命《おおみこと》によるのである。大かた古事記に見るこれらの事跡によって、

世のもろもろの物も事も成るのも、みなこのムスビの神の産霊の御徳《みめぐみ》であると知るべきである。】

神代の趣きによって今を知る

【すべて世の中にあることの趣《おもむ》きは、神代における事の跡によって考えるべきである。古えから今にいたるまで、世の中の善い事・悪い事の移りかわってきた有様などを考えてみると、みな神代の趣きと違うことはない。これからの行く先、万代の先までも神代の趣きをもって思い測るべきだろう。】

神代の事がらの深い道理

【さてまた古記録におけるムスビの神の事跡として見たことどもを、さらによく考えてみると、天照大御神に高御産巣日神が相並んで事をはかり、詔命《みことのり》を仰せ出されて事は成就し、大穴牟遅《おおあなむじ》（大国主）命《のみこと》に少名毘古那神が相並んで努められて、この国も成立し、天之忍穂耳命と豊秋津師比売命とが相交わられて、御孫《みま》の命もお生まれになった。これらは何れも同じように、相並ぶムスビの神がいらっしゃることで、それぞれの神の産霊《むすび》の功業もまた成就することを示している。ここには深い道理があるのであろう。また日本書紀に「此の神（高皇産霊尊）の御児《みこ》千五百座《ちいほくら》あり」とある。千五百というのは数限りなく多いことをいうのであるから、あらゆる神たちをみなこの神の御子だといっても間違いではない。神も人もみなこのムスビの神の産霊の徳《ちから》で成るのであるから。拾遺集の歌に、「君見ればむすぶの神ぞ恨めしき、つれなき人を何《なに》造りけむ（あなたを見れば産霊の神が恨めしくなります。どうしてこのようなつれない方をお造りになったのでしょう）」と詠まれているのを見ると、そのころまでは世の人はムスビの神の古意をよく知っていたのである。狭衣物語に、「いとかくしも造りおき聞こえさせけむむすぶの神さえ恨めしければ（このように造りおかれた産霊の神さえ恨めしく思われるのだから）」とあるのは、あの拾遺集の歌によっていっているのである。】

ムスビの神は殊に仰ぐべき神

このようなわけで、世に多くの神々はおられるが、このムスビの神はことに尊く、その産霊《むすび》の大きな御徳《みめぐみ》については今更いうまでもなく、あらゆる神の中でも殊に仰ぎ奉るべきはこの神である。

【ところが日本書紀の最初にこのムスビの神を挙げていないのは、まったく不完全で欠けているといわざるをえない。書紀の「本書」とは別系統の記録を伝える「一書」には挙げられていても、「一書」は「一書」であって「本書」とは別である。書紀の「本書」では後の方になって初めてこの神を挙げているのは、どうしたことだろうか。この神は他の神々のように、途中でいきなり挙げてよいような神ではない。必ずこの古事記のように初めに挙げるべき神である。またこれまでの学者たちが、書紀「本書」の最初の神である国常立神《くにのとこたちのかみ》だけを、最上の神として多くの言葉を費やし、このムスビの神の大きな徳を言葉にして仰ぎ申しあげることもしないのは、ただ日本書紀をのみ論拠とし、この古事記などはよく見もせず、この世の事の意味を深くも考えることをしない失《あやま》りである。朝廷にあっても上代よりこのムスビの神をこそ崇めお祭りしてきたのであって、あの国常立神をお祭りしたということを聞いたことはない。また諸国の神社で国常立神をお祭りしている社などはめったにない。】

さてこの産巣日《むすび》の大御神《おおみかみ》は、このように二柱でいらっしゃるのに、古事記中でこの神の事を記す際に、二柱をともに並べて記している箇所はなく、ある時は高御産巣日神、ある時は神産巣日神と一方の神のみを記している。この二柱の神はその名は異なるけれども、同一の神のように思われる。そもそもこのように二柱でありながら一柱のようであり、一柱かと思えば二柱であることには、深い理由があるのであろう。

【評釈】ここに見てきた宣長による「神」の注釈とそこから導かれる定義とは『古事記』冒頭の

「天地の初発の時、高天原に成りませる神の名は」という文章中の「神」についてなされたものである。この冒頭の文章の注釈でヤマトにおける「迦微《かみ》」とは何かに遡るような注釈や定義がなされること自体が異様ともいえる。そこにはすでに原ヤマトの神と人とその物語を記したテキストとしての『古事記』の宣長による絶対的な選択がある。『初山踏』で宣長は学びに入る第一の書としての『古事記』の意味をこういっている。「まことに古事記は、漢文のかざりをまじえたることなどなく、ただ古よりの伝説のままにて、記しざまいといとめでたく、上代の有さまをしるにこれにしく物なく、そのうへ神代の事も、書紀よりは、つぶさに多くしるされたれば、道をしる第一の古典にして、古学のともがらの、尤も尊み学ぶべきは此書也。」こうして「神」のわがヤマトにおける原義は「神」字をもって表記される以前の「迦微《かみ》」にあるとして、古事記神話にこの「カミ」の態様がくわしく辿られ、あの神の定義がもたらされることになるのである。すなわち「何にまれ、尋常《よのつね》ならずすぐれたる徳《こと》のありて、可畏《かしこ》き物を迦微《かみ》とは云なり」という定義である。

この宣長の定義は「神」字渡来前の原初ヤマトの「カミ」の定義として評価され、神道辞典や神道学概説の「神」をめぐる章の冒頭を飾ったりする。現代の代表的な『古事記』注釈者西郷信綱もこの定義を引いて、「この定義はほぼ完璧といってよい」(西郷『古事記注釈』第一巻)といっている。しかしこうした宣長の「カミ」の定義の評価者は、「神」字の導入とともに「カミ」は「神」として再構成されて「神格」をなし、祭祀対象ともなったことを見ていない。「神」字の導入なくして、それを祀る社もなく、その伝承もないのである。現代の宗教学者や宗教思想史家は「カミ」の「ミ」によってヤマトの原初の霊性を辿ったりするが、それは宣長が「神」字以前のヤマトの「カミ」をいいながらも、なぜ「カミ」というのかという言語的所以への遡及、ヤマトの言語的古層へと踏み入ることを断念したことの先をいっているのである。「神」とはもと「カミ」だというのは、ヤマトの神はもともとヤマトの音声言語のカミだという近代の音声言語主義的な民族観に立ったものである。近代の民族主義的言語学者や宗教学者は、「カミ」をさらに「ミ」という古形に遡及させ、「神」の民族的古層を追求したりする。だが彼らは知らないのだ。宣長は「神」とはヤマトの古語「カミ」としながら、「カミ」の語の由来やその古形によってヤマトの神の古層を求めることはせずに、「神」字をもってした神とそれを継ぐ代々の記録『古事記』を「道をしる第一の古典にして、古学のともがらの、尤も尊み学ぶべき」書とすることを。そのとき『古事記』は「カミの記録」ではなく「神典」となるのである。

「カミ」を「神」字をもって表記し、漢字文を構成していくということは、その漢字文からなる『古事記』が仏陀の記録でもない、儒家聖人の記録でもない、わが「神」とその神聖な系譜の記録となることである。だから宣長のあの言葉があることになるのである。『古事記』とは「道をしる第一の古典」だという宣長の言葉である。その「道」とは「神の道」すなわち神道である。宣長のいうこの「道」には中国古代の『六経』に「先王の道」を見る徂徠の「道」概念の明らかな系譜を見るが、そのことについては後の「直毘霊」をめぐる章であらためて論じたい。ただ「直毘霊」は「カミ」と「神」字との関わりをめぐる問題においても重大な意味をもっている。「直毘霊」とは「道といふことの論ひなり」という副題をもって『古事記伝』の序文として掲げられている文章である。「直毘霊」とは論争文である。わが「神の道」とは何かをめぐる論争文である。『古事記伝』という注釈書はわが「神の道」をめぐる論争文を序文とするのである。では「直毘霊」はわが「神の道」をどのようにいうのか。

「そも此の道は、いかなる道ぞと尋ぬるに、天地のおのづからの道にもあらず、人の作れる道にもあらず、此の道はしも、可畏きや高御産巣日神の御霊によりて、神祖伊邪那岐大神伊邪那美大神の始めたまひて、天照大御神の受けたまひたもちたまひ、伝へ賜ふ道なり、故是《かれ》を以て神の道とは申すぞかし。」

これは近代天皇制国家日本の神道思想的基底をなすような言葉ではないか。宣長の『古事記伝』とは「神」とは「カミ」であるとして原初ヤマトの「カミ」の定義をもたらすとともに、その序文「直毘霊」は「神」字をもって成立する神々と現人神天皇の記録『古事記』の序文として天皇制国家日本の神道思想的基底をなすような言葉をもたらすのである。私はこれを「カミ」が「神」字をもつことで初めて神位、神格を成し、祭祀体系を成し、やがて教えをも構成していった経典『古事記』の成立過程そのものを示すことだと思っている。それゆえ漢字・漢文体表記の『古事記』はその成立とともにに、この成立を推し進めた天皇朝の「神」の伝承とその思想「神の道」をも明らかにするのである。

第二章　神はカビなり——平田篤胤の「神」の解釈

平田篤胤は本居宣長の〈没後の門人〉です。篤胤が宣長の存在とその学問を知り、宣長を師として学ぶ志をもったときには、すでに宣長は亡くなっていました。篤胤はやむなく宣長の〈没後の門人〉になったといっています。このことは〈宣長以後《ポストのりなが》〉の学という篤胤国学の性格をよく物語っています。記紀の日本神話をふまえた〈日本の神〉は宣長によってすでに成立しています。だから記紀のテキストからもう一度、日本の神々を読み出すことは篤胤の課題ではなかったのです。むしろ彼の課題はその神々の意味を明らかにすること、すなわちその神々は宇宙や人間世界でどのような位置を占め、どのような意味をもっているのか、あるいは現世における人の生き方、死後の魂の鎮まり方とどのようなかかわりをもつかなどを明らかにすることです。

篤胤の課題とは、日本神話を宇宙論的に、神学的に、あるいは世界観的に再構成することだということができます。篤胤国学は記紀のテキストをどう正しく読むかという注釈学的課題よりも、記紀などの神話伝承によって世界や人間をどう考えるかという世界観的な要求や課題を強くもったものであるのです。篤胤国学が幕末変動期の日本に大きな影響力をもったのは、人びとの新たな世界観への要求に応える性格をもっていたからです。篤胤にいたって国学の性格は大きく変わります。「神」についてのとらえ方も変わります。

宣長は「神」とは何かを問うのに、「神《かみ》」という言葉の意味を明らかにする道によってせずに、記紀神話における神の存在態様によって明らかにする道をとりました。彼は「カミ」という言葉の原義の追求がもつ危うさを避けるとともに、「神」をその理念にしたがって概念定義する道をも否定しました。そこからわれわれの心の外に立つ、不思議な力をもった恐れ、畏《かしこ》むべきものがすべてカミであるという〈神の定義〉がもたらされたのです。さらにカミには貴い神もあれば賤しい神もあり、善い神もあれば悪い神もあるという、〈神の多様性〉を宣長は説いていきました。これは「神」をただ一義的に〈神聖な存在〉とする既成の神観の解体をめざした戦略的な言説です。宣長はこうした戦略的な言説を用いて、「神」とは〈神聖〉な理念的な存在ではなく、古代の人びとが畏怖・畏敬の心をもって対面したような、われわれの心の外に立つ畏《かしこ》き存在としての「カミ」を明らかにしようとしたのです。

ポスト宣長としての篤胤における「神」への問いは、ここから出発します。すでに「神」が心の外なる畏怖すべき存在であるならば、なぜその存在は「カミ」と呼ばれるのか。「カミ」という言葉の意味を明らかにする道をとることに篤胤は躊躇しません。篤胤は「カミ」は「カビ」と同じ言葉だとし、「カビ」とは霊異なる生命力・生成力的な原初の実体「牙《かび》」であると説いていくのです。さらにその「牙」を「男陽《おばしら》」という形状的な譬喩をもって篤胤は説きます。このように「神」の本義は〈産霊《むすび》〉的な生成論的宇宙観の中で明らかにされるのです。

ところで宣長の神道的世界はあくまで『古事記』テキストの注釈を通じて、いわば『古事記』の注釈学的な言語によって記述されていきました。それに対して世界観的な要求を強くもつ篤胤において、

『古事記』は宣長におけるような絶対的な〈神典〉的意味をもっていません。『古事記』は篤胤にとって、神道的な宇宙観・世界観を構成する一つの素材でしかありません。彼は古事記・日本書紀・風土記・祝詞式・古語拾遺などの古書・古記録によって、一つの筋の通った神道的宇宙観（世界観）を伝える「古史」を自ら編成していくのです。篤胤はそれを『古史成文』にまとめ、その「古史」を自ら解釈して『古史伝』を記述していきます。『古史伝』とは篤胤の神道的宇宙観・世界観の展開だということができるのです。これから見る篤胤の『古史伝』における「神」や「天之御中主神」の解釈も、自ら編成した「古史」にもとづく篤胤の宇宙論的な、あるいは神学的な立場からする解釈です。

ではその「古史」は神代の始まりをどのように記すのでしょうか。次に挙げる「古史」冒頭の二節をよく見ていただきたい。これは一見すると前章の最初に挙げた『古事記』冒頭の文章とあまり変わらないように思われます。だがここでは、天地がまだできない時に、天之御中主神をはじめとする三柱の神がすでにあったと記されているのです。篤胤は天地に先立って神があるとするのです。記紀神話ではあいまいな宇宙的主宰神の始源性が、篤胤の「古史」でははっきりと記されるのです。

［テキストは『平田篤胤全集』第一巻古史一（内外書籍、一九三二）による。］

一　『古史伝』一の巻・神代上

【一】「古え天地《あめつち》未だ生《な》らざりし時、高天《たかま》の原に神有《ま》しき。御名《みな》は、天之御中主神。次に高皇産霊神《たかみむすびのかみ》。亦の名は高木神《たかぎ》。亦薦枕《こもまくら》高皇産霊神と云《もう》す。此は所謂神魯岐命《かむろぎのみこと》にます。次に神皇産霊神《かむみむすびのかみ》。亦神産巣日御祖命《かみむすびみおやのみこと》と云す。亦神魂大刀自神《かみむすびおおとじのかみ》と云す。此は所謂神魯美命《かむろみのみこと》にます。此の三柱の神は、並独神《みなひとりがみ》成り坐して、御身《みみ》を隠したまいき。」

【二】「爾に大虚空《おおぞら》の中に一つの物生りて、其の状《かたち》言い難く、浮雲の根係る所無きが如く、漂蕩《ただよ》える時に、其の中より状葦牙《かたちあしかび》の泥《ひじ》の中より生《お》い初むるが如くして、萌え騰《あが》る物あり。其の物に因りて始めて成り坐せる神の御名は、宇麻志阿志訶備比古遅神《うましあしかびひこじのかみ》。次に天之底立神《あめのそこたちのかみ》。亦天之常立神《あめのとこたちのかみ》と云す。亦天之壁立命《あめのそきたちのみこと》と云す。亦の名は天角凝魂命《あめのつぬこりたまのみこと》と云す。亦天角己利命《あめのつぬこりのみこと》と云す。亦角魂神《つぬくまのかみ》と云す。此の二柱の神も亦、独神成り坐して、御身を隠したまいき。」

「神」の解釈（『古史伝』一之巻より）

［篤胤は、「神」の解釈に当たってまず師説、すなわち師宣長による「神」の注釈のほぼ全文を引いた上で、その師説の不備をいいながら自分の解釈を展開していく。ここでは前に置かれている師説は省いた。【】内は本文の篤胤による割り注である。また小見出は筆者の付したものである。］

本居先生のカミの説は、大変に詳しいものである。しかし先生はカミというものがすでにあって、そのすでにあるカミの働きを示そうとされたので、カミという言葉の本の意味や、カミといい始めたことの理由については何も記されることはなかった。【すでに先生は、「カミという言葉の本の意味は私にはまだ思い当たらない。旧来カミの意味として説かれてきたことは、皆当たっていない」といわれている。例の「カミは鏡《かがみ》の中略なり」といった神道家の説などの誤りはいうに足らない。】

カミはカビである

　カミとは、人の言葉に千言万語ある中でもまず第一にその意味を弁え知るべき言葉である。それゆえ私はここでカミという言葉の意味を明らかにしようとするのである。まず神という言葉の意味は、日本書紀の巻第一の最初の文に、「古え、天地《あめつち》未だ剖れず、陰陽《めお》分れず、渾沌《まろか》れたること鶏《とり》の子の如く、溟涬《くくも》りて牙《かび》を含めり」とあるが、その牙である。

【ただこの牙を古くアシカビと訓まれたようであるが、それは誤りである。牙と葦牙（葦の芽）とは異なっている。またこれをキザシと訓むのも正しくない。】

さてカビの力は「彼《か》の物」という、物をそれと指していう彼《か》である。またビとは霊妙神秘な物をいう語である。したがってカビとは、「彼の霊妙な物」という意である。

【以前私はカビとは牙萌《かびもえ》が縮約された語と推定したが、それは誤っていた。】

カビという語はそれゆえカミと同様に、カブともカムともつながりをもっている。

【そのことは「神祖」をカブロとも、カムロとも、またカムロキ・カムロミともいうことによって知りうる。また酒をカミ・カム・カモスなどというのも、カビ（カミ・カブ・カム）と言葉とその意味を同じくしている。そこには物を蒸《む》し成す意がある。さらにまたクミ・クム・クヒともつながりをもち、君《きみ》も言葉の元を同じくしているのだろう。クミ・クム・クヒが縮約されるとキともなる。キには物を組み凝《かた》める意がこめられている。また奥羽の末端、蝦夷《えぞ》あたりの国では、今も神あるいは国司をカムイとかカモエというそうである。これはカミという言葉の引き延ばされたものである。】

カブ・カムとは、頭部が大きく、下が細くなった形をいい、頭槌《かぶつち》の剱《たち》、鏑矢《かぶらや》などのカブも本より同じカブである。

【株《かぶ》、蕪《かぶら》、冠《かむり》、被《かぶる》はみな同じカブ・カムであり、ラ・リ・ルは活用の助詞である。】

すべてこのカミ・カビという言葉の活《はたら》用きの広大なことにおいて、これ以上のものはない。それは自ずから神の御功徳《いさお》の広大であることに叶うものであり、言葉と存在とのまことに霊妙なる一致といわざるをえない。

さてこの牙《かび》は、天之御中主神を始めとする三柱の大神の産霊の霊力によって、始めて大空に生まれ出た一物中に含まれている霊妙な極みというべきものである。それは一物中の最も清明なものとして萌え上がり、天つ御国となり、天の御柱となることについては、次節に詳しく述べる通りである。

このカビというものの形状を考えてみるに、それは必ずや男陽の形をしたものであると思われる。

カビは男陽《おばしら》の形状

【上に記した頭槌の剣、鏑矢などの形をも思い合わすべきである。】

そもそも菌《きのこ》の類いが、すなわちカビであって、これらは草木の精気が土地の気と和合して生えたものであり、それらが自ずから牙《かび》の形をしているのは不思議なことである。

【またすべて物に生え出たカビは、非常に細い毛が生えてるようであるが、いわゆる顕微鏡《むしめがね》でそれを見ると、その細毛のようなものはすべて陽茎《おばしら》の形をしていることを知りうる。○因みに、示の字は、神の字の本義と考えられるが、これは篆書で示または𡿧と書くことからすると、これはカビが萌え上がって天となった形状を象った字ではないかと思われる。ただし示を神の字の本義と考えるゆえんは、神事に属する字はすべて示に従うものであるからである。またこの字の注解に、「神事なり」とも、「天、象を垂《た》れて吉凶を見《あら》わす。人に示す所以なり」ともあるが、その本義から転移された理解である。】

さて天つ神が伊邪那岐・伊邪那美の命に賜った天の瓊戈《ぬぼこ》は、あの牙に因って成り、その牙の形をしたものであって、それが直ちに神であることに疑いはない。

【この陽茎《おばしら》の形をもつ牙《かび》を、古えの漢土では玄牡《げんぼ》といったことは、私が『赤県太古伝』で詳しくのべているので、それを見て欲しい。】

また御年《みとし》の神が男茎《おばしら》の形を作って祭りをされたのも、神の形代《かたしろ》としてであったと思われる。また皇産霊の大神の御霊代として、かならずこの形を作って祭ったものと思われる。

【そのことは印度で古く大梵自在天王《だいぼんじざいてんのう》と称せられる神は、わがの大神のことだと思われるが、その霊代は男陽女陰を石で象ったものだと伝えられていることと思い合わすべきである。】

カビは物の元始《はじめ》

そもそも始源の大空に生まれる混沌とした一物中に含まれていたカビとは、物が形をなす始めである。

【「大空に一つの物が生れ出で、鶏の子のごとし」といわれているのは、一物の混沌たるさまの大よそをいったのである。ただその中に含まれている物の形状《かたち》ははっきりと見分けられるゆえに、それを牙《かび》といって区別したのであろう。この牙を中に含んだ一物は、大よそ女陰の形をなしていたとみなされるが、そうとは名づけ難いので、ただ大らかに「一つの物」といい、そして交合の

状《さま》をも、その「状貌《かたち》言い難し」と日本書紀の一書は伝えているのである。】

その牙《かび》は一物を抜け出て萌え上がり、天《あま》つ日となり、天の御柱ともなった。またウマシアシカビヒコジの神も、天之底立の神もこの牙を物実《ものざね》として成ったのである。牙とはかくも霊妙なものゆえ、それによってなった天つ日をも直ちにカビ=カミといったのであろう。

【それゆえ書紀も、「一物生《な》れり。状葦牙《かたちあしかび》の如し。便《すなわ》ち神と化為《な》る」といい伝えているのである。ただこれは神がはじめてその時に成ったようにいうまぎらわしいいい伝えである。ただこの神を天つ日として見れば間違いではない。また唐土《もろこし》にも、神と天とは相通じるとされていることをも思い合わすべきである。】

したがってカビとは、この世界に生まれ出た物の元始《はじめ》のものであり、極めて霊妙なものである。これから霊妙な物をすべてカビの名をもっていうことを弁え知るべきである。

【ある人が問うに、カビを物の生《な》る始めとするのは納得できない。なぜならカビの生る前に三柱の天つ神がおいでになり、それぞれ御名をもって称え申していることは、その御身体もあることに疑いはないのである。とすれば牙を物の生る始めというのは間違いではないのか。答えていう、そうではない。三柱の天つ神の御身体がおありになることは論じるまでもないが、しかしこの天つ神はその始めがいつということなく、すでにおいでになったのである。だれがその始まりを知ることがあろう。こうしてあの一物とは三柱の天つ神によって始めて生み成されたものであり、その成り立ちのさまをもご覧になり、その様子をも語り伝えられたのである。それゆえ三柱の御名もみずから告げられることはなく、はるか後の神世から造化の首《はじめ》である天つ神の御功徳《いさお》を称えて奉ったものであることは疑いのないことである。したがって三柱の神の御名も、またこの三柱を神と称え申すことも、ともに牙が生った後のことであることを悟るべきである。】

カビとカミとは同言

さてカビとカミとは同じ言葉である。極めて霊妙なことを称えていうに当たって、天地万物の造化に与《あず》かるカミたちはいうまでもなく、世のすべて不思議で、霊妙な功徳《いさお》のあるものをカミといい、それをやがて神と書くようになったのである。

【神はカミというものによく当たる漢字であることは、本居先生のいわれる通りである。】

また後には、凡人《ただびと》の中でも卓絶した人をもカミと称えいうようになった。

【これから推し及ぼせば、頭・守・長官などをみなカミというのは、高位を尊んでいうのであり、頂上《うえ》をカミというのも同意である。また髪をカミというのも、頂上《かみ》に生えるからであろう。賀茂真淵先生が、「後世の人は、神と上とを区別して用いるから、文字の違いになずんでしまって、言葉の意味は同じであることを忘れている。神と上との文字の違いから、神の意味を上でもって解することを避けて、無理に理屈をつけて解そうとするのは拙劣なことである。皇国《みくに》では一言を転じて、多くの事をいうのである。一言を一事とするのは漢国《からくに》の風である」といわれている。】

また万物の中でも卓越したものをも広く称えて神ということになったのである。

【ここで私が説いてきたことは「神」という言葉の本の意味である。すべての神の徳やその働きについては、最初に引いた本居先生の御説によって理解して欲しい。】

「天之御中主神」の解釈（『古史伝』一之巻より）

［天之御中主神《あめのみなかぬしのかみ》を宇宙第一の神、宇宙の主宰神とする篤胤の解釈は、ただこの神の名の解釈としてだけいわれることではありません。宇宙（天地）の成立とその形象をめぐる論とともに展開されるものです。宇宙の成立とともに、すでにその究極処に鎮座する神、それが天之御中主神です。この神を語る篤胤の言葉は、同時に宇宙の始まりとその形を語るものでもあるのです。］

アメとソラ

天はアメと訓むべきである。アメとは蒼々《あおあお》として、上方から四方にまで広く、遠く見通すことのできる境界《かぎり》をいうのである。

【天つ日（太陽）をもアメというゆえ、この蒼々としたアメと混同されることになる。私も『霊《たま》の真柱《みはしら》』を著した当時は、その区別をさだかにすることはできず、それゆえその説く所は不十分であった。いまここで詳しく説くので、それによって理解されたい。】

さてこの境界のある内をヨという。

【竹の節と節との間をヨというが、同じ意味である。】

またこれを世間《よのなか》ともいう。

【漢籍で宇宙というのはこれである。それゆえ天皇のお治めになる御世《みよ》を、漢風には御宇というのである。ただこの世といい、世間というのは、人に属する言葉である。君が世、人の世、我が世などというように。】

さてまた遮《さえぎ》るものなく、広く遠く境界もない処を虚空《そら》というのである。またこの世の中も広く、遠く、大きく、限りなく、ただ空ぞらしくみえるゆえ、世の貌《さま》をもソラというのである。

【このようにアメと、ソラと、ヨにはそれぞれ区別があるのではあるが、その違いがはっきりと見分けがたいので、アマツミソラというような通い合わせた用い方がされるのである。】

ではアメが蒼々として見えるのはなぜかといえば、これはあの三柱の大神が天地および万物を主宰《つかさど》る強く勢いある気があまねく虚空《そら》に充ちみちて青く見えるのである。

【普通には無色のようであるが、その気が厚く充ち重なっているゆえ色濃く見えるのである。】

さてこの大虚《おおぞら》の外側に涯《きわま》りがあることを、人は見極めることはできないが、下段に、「神速須佐之男《かみはやすさのお》の命の、天の壁立《そきた》つ極み巡り坐して、云々」とあることを考え合わせて、虚空《そら》の涯《きわま》りをいうのである。

そもそもアメという言葉の意味は、罔《あみ》であって、アミ、アマ、アム、アマムとも活用する言葉である。

【その大略は『古史本辞経』に述べている。】

いま遠く天《あめ》を望めば、︵のごとく、四方に伏せたようにして、広く、遠くに壁の立つように見える。

【漢籍に「天円は倚蓋《いがい》の如し」といい、また「蓋たるは天に象《かたど》る」ともいい、また字書に「冂は覆なり。一に従い、下垂るるなり」とも見える。】

天の頂上・北辰

天の頂上のところが北辰であって、これより四方へと垂れ下がり、その下方は大地に遮られて見ることはできないが、おおよそ円形をなしていると思われる。

【それは大地が休みなく旋回するものであるゆえ、どちらに向かってもその端を見ることはできないからである。】

天が円形であるならば上下左右はないかのようであるが、そうではない。北辰の位置は上にあり、左は東、右は西である。

【この北辰の位置は天の本域であり、世界の大网《おおあみ》である。だから漢籍に「天網恢々疎にして漏らさず」などというのである。さてアメは上下四方がぐるりと円形をなすものであれば、どこを指して上下四方とするか名づけがたいようであるが、主とするのはその本綱《もとつな》である処なのはいうまでもない。】

さてこのアメがいつ成ったのか、その伝承はなく、知ることはできない。しかし強いて考えれば、天の本綱である処は北辰とともに生ったのであろう。すべてはあの始源の一物が生まれ出るときに、すでにそこに整えられていたのであろう。

【これは譬えていえば、あの始源の一物である牙《かび》が萌え上がるさまは、火の燃え上がるようであったが、アメが成るのも、火の烟《けむ》りがよく四方に充ちわたるようであったのであろう。】

天之御中主神

［以下の天之御中主神の神名の解釈は師説（『古事記伝』における宣長の注釈）によっている。語の用法をめぐる細かい解釈は宣長のものであって、篤胤のものではない。］

御中とは

御中《みなか》は、師のいわれるように、真中《まなか》ということである。およそ真《ま》と御《み》とはもともと共通の言葉であるが、後には用い方が別れて、御《み》という言葉は尊む場合に用い、【御という字を用いるのもこの意である。ただし漢の国では、王の上にのみこの字を用いるが、この国では、ミという言葉は天皇の御上に用いるばかりではなく、ただの人びとについても何についても用いられる。】真《ま》という言葉は、美称《ほ》める場合と、甚だしいことをいう場合と、完全なことをいう場合とに用いられる。しかし古い用い方が残る場合は、マとミとは通い合って使われている。

真熊野《まくまぬ》とも、三《み》熊野とかいう類いは多い。

【また真《ま》というべきところを多く御《み》といっている。御空、御雪、御路《みち》など。】

御中《みなか》もこの類いである。天の御中というだけではなく、国の御中、里の御中といったいい方が万葉の歌にはある。

【俗語でマン中というのも真中《まなか》である。一般に真をいっそう強調してマンと撥音でいい、またマツと促音でいう。それが俗語の常である。】

またモナカというのも真中が転じたもので、書紀の天武紀に「天《そら》の中央《もなか》」とある。

主とは

主《ぬし》は大人《うし》と同言で、ノウシが縮約されたものである。

【ウシを主人と書く例は、書紀に継体天皇の大御父を「彦大人《ひこうし》の王《みこ》」といい、また続日本紀に「阿部の朝臣の御主人《うし》」とある。これらについての今の訓み方は誤っている。】

それゆえ古くウシは必ず「某之《なにの》ウシ」というように之の字を加えていうのであり、ヌシは「某主《なにぬし》」と之の字を加えずに直ちに連ねていうのである。飽咋之宇斯《いいくいのうし》の神、大背飯之三熊之大人《おおせいいのみくまのうし》、大国主の神、事代主《ことしろぬし》の神などのように。

【また書紀には「斎主《いわいぬし》の神を斎之大人《いわいのうし》と号《い》う」とある。】

また丹波の美知能宇斯《みちのうし》の王を、書紀では「道主《みちぬし》の王」とある。これらの例をもってウシとヌシの用い方を知るべきである。

【ヌシについても之の字を添えて、「某之主《なにのぬし》」といったり、某《なに》に続けるのではなく、いきなり主《ぬし》といったりするのは、みな後世のことである。万葉集巻第一八の天平勝宝元年の歌にただ「奴《ぬ》之《し》」とだけある。その頃よりあったいい方であろう。また「主」の字をウシに当てずに、ヌシに当てるのは、「ノウシ」が「ヌシ」に縮約されたいい方が古くから多かったゆえであるだろう。しかし本を正していえば、「主」の字はウシと訓むのが道理である。】

またウシハクというのも、その処の主《うし》として領知することである。

それゆえこの天之御中主神とは、天の真中においでになって、世の中の主《うし》である神という意味をもった御名である。

【この神を人臣の祖といったり、あるいは国常立《くにのとこたち》の尊の配偶で、皇后であるといったり、あるいは国常立の尊の別名であるといったりするのは、勝手な妄説である。近頃はこのような邪説を立てるものが多い。決して惑わされてはならない。】

この神の御名についての師説は以上のようである。

まことに師宣長先生のいわれる通りである。

この神の居られる場所は

ではこの神の居られる場所はどこであろうか。

【師はただ「天の真中」とだけいわれているが、それではただ何もない大虚空《おおぞら》においでになるという趣で、あまりに不十分に思われる。〇私は以前、『霊《たま》の真柱《みはしら》』を著したころ、天におけるこの神の居所をめぐって、まだ思いついていなかったので、不十分にしか説きえなかった。時間の余裕をえたならば、『訂正・霊の真柱』を作ることを考えていた。その訂正をここにこうして書くことになったことを許して頂きたい。】

この神は天の最中心の、至高にして動くことなく、移ることのない処、すなわちいわゆる北辰、天の本綱である処に鎮座されているのである。その至高の極処にてこの神は五百綱千綱《いおづなちづな》を引き延ばし、大綱を編み遂げるようにして、宇宙の万物をことごとく主宰《つかさど》りなされると思われる。

【万葉集巻第一九に「天《あめ》にはも五百《いお》つ綱延《は》う万代に、国知らさむと五百つ綱延う」*、また巻第三に「久方の天帰《あめゆ》く月を綱に刺し、我が大王《おおきみ》は蓋《きぬがさ》にせり」**の歌を見ることができる。また顕宗天皇の御言葉に、「八弦《やつお》の琴を調《ととの》うる如、天の下を治め賜いし天皇《すめらみこと》」とあり、漢籍にも天下を治めることを「経綸す」という言葉をもっていうことなど、みなこの大神の宇宙を主宰られることから移されたいい方である。この神の主宰られることから漏れるものはない。】

＊　「天を見上げると五百尋《ひろ》もの長い綱を延べている。長くこの国を治めようと五百つ綱を延べているのだ。」式部郷石川年足の歌。

＊＊　「わが仕える大君の御威光は盛んなものだ。空を渡る月を綱で通して、翳に刺していらっしゃる。」柿本人麻呂の反歌。

宇宙第一の大神

それゆえこの大神こそ始め無きときより鎮まります、最第一《いやはじめ》の神であるのは申すまでもないことである。

【国常立の神を最初とすることの間違いは、すでに師本居先生のいわれる通りである。また『霊の真柱』で私がいうところを見て理解されたい。また唐書・宋史が皇国のことを記して、「御主、天御中主と号う《い》」とある。】

この大神の御功徳《みいさお》の広大であることは、称え申すべき言葉もないと知るべきである。あなんと畏れ多くも尊いことか。

【なお唐土《もろこし》に伝えられたこの大神の古い伝承については、私の『赤県大古伝』の「上古皇太一紀」を見られたい。】

【評釈】 宣長は「神」とはわが古えの「カミ」だとしながら、わが「カミ」の原初の意味を言語学的に尋ねることを断念した。「カミ」の原初の意味の追求は恣意的なものにならざるをえないからだと宣長はいい、言語学的な遡及の代わりにわが神話における多様な「カミ」の存在態様を示しながらあの神の定義をもたらした。すなわち「何にまれ、尋常ならずすぐれたる徳のありて、可畏き物を迦微とは云なり」という定義である。ところでこの宣長を「先師」として生涯仰ぎ続け、みずからを「没後の門人」と称した平田篤胤は「カミ」という語の由来を探し求め、その祖語的原型を推定することに躊躇しない。そこから「神はカビなり」という篤胤の解答がもたらされる。だが「神はカビなり」とは原初的な「カミ」に向けての言語学的遡及の結果であるよりは、宇宙論的な生命力の源への形象的追求の結果といった趣をもっている。さらに「神は牙《カビ》なり」といい、その「牙」を形象的に「男陽」と結びつけていうところを見たりすると、彼の「神《カミ》」の遡源的追求は民衆的想像力をも共有するものだといえるだろう。たしかに彼の国学的著作と言説の受け手であり、支え手であるのは師宣長のそれを超えてはるかに広く深い。そこには地方農村の指導層、豪農や神官たち、そしてその周辺の向学心をもった農民たちがその数の上でも質の上でも大事な支え手としてある。私が『「維新」的近代の幻想』（二〇二〇年）で記した下総の農民学者鈴木雅之とはその代表例である。

彼らは何を欲したのか。それは彼らの日々の営みを支える知識と世界観である。篤胤とは彼らのこうした要求に最初に応えた国学者である。だから篤胤にとって『古事記』とは彼らへの教えを導く唯一絶対の神典ではない。むしろ人びとの世界観的要求に応える普遍的神典を構成する一つでしかない。

第三章　「神の道」の成立——本居宣長『直毘霊』と論争の言

『直毘霊《なおびのみたま》』——道ということの論《あげつら》い

宣長の『古事記伝』の序論にあたる「一之巻」には『直毘霊』という文章が付せられています。この「一之巻」は「古記典等総論」から始まって「文体の事」「仮字《かな》の事」そして「訓法の事」など、『古事記』の成立やそのテキストの問題、そして注釈の方法をめぐる問題を論じた序論的な文章でもって構成されています。その「一之巻」は巻末に「此の篇《くだり》は、道ということの論《あげつら》いなり」という副題をもった『直毘霊』を載せているのです。「あげつらう」とは言挙《ことあ》げして争うこと、議論して黒白を定めることです。そうすると宣長の『古事記伝』という注釈書は『直毘霊』という「神の道」をめぐる論争的文章を序論としてもっているということになります。宣長は「神の道」とは何かを論争によって明らかにし、その「神の道」がたしかに『古事記』の神代の伝えに備わることをその注釈を通じて確証しようとするのです。

宣長の『直毘霊』とは、「道ということの論いなり」と副題にいうように、「道」の論争書です。「論《あげつら》い」とはすでにいうように言挙《ことあ》げして事の正否を争うことです。「言挙げ」とは、ことさらに言い立てることです。宣長は漢《から》の学者たちの言挙げの風を非難しますが、その宣長自身が論争する学者であったのです。彼にはいくつもの論争・論駁の文章があります。宣長は論争を通して自分の考えを展開させていった学者であったのです。宣長をただ精緻な注釈学者、〈物のあわれ〉を解する文学者としてだけ認めるものは、口汚い言葉をもって激しく論駁する宣長を知って当惑するかもしれません。しかしその両方が宣長なのです。『古事記伝』という注釈書は『直毘霊』という論争書を序文としてもつものであるのです。

では『直毘霊』の論争とは誰れを相手にした、何をめぐるものなのでしょうか。これを読めば、そこで論駁されているのが儒家とその「聖人の道」であることはわかっても、その儒家とは誰かをいっているわけではありません。たしかに『直毘霊』という「神の道の論い」として一般化された議論で、論争対象の儒家を特定する必要はありません。だが宣長が早く『直毘霊』の草稿「道テフ物ノ論」を書くきっかけをなした儒家とその論は確かに存在します。それは荻生徂徠の蘐園《けんえん》派の儒者太宰春台（一六八〇―一七四七）とその著書『弁道書』でありました。

詩文に優れた学者たちが多い蘐園派において論説家として知られた太宰春台の『弁道書』は、近世の国学者にとって挑発的な論説としてありました。春台は『弁道書』で、日本の神道家に対して、「神道」概念とはもともと儒家のものであること、儒家聖人の教えとしてあったものであることをいいます。『弁道書』はその挑発的な論説によって国学者たちの反駁的な議論を促しました。賀茂真淵の『国意考』も、平田篤胤の『呵妄書《かもうしょ》』も太宰とこの書を論争敵として書かれたものです。宣長の『直毘霊』にとっても『弁道書』が、彼の論争的議論の動機をなすものであったことは確かです。だが若き日に荻生徂徠の古文辞学的な考え方や文章法《レトリック》の洗礼を受けた宣長にとって、徂徠の蘐園派を代表する論者春台の「道の論」は、ただ単純に反駁すべき論説としてあったわけではありません。『直毘霊』に私たちが見出すのは、蘐園派の「道の論」との複雑で、両義的な交錯をもって展開される宣長の「道の論《あげつら》い」であるのです。

国学史家である小笠原春夫は、宣長の「道テフ物ノ論」から「道ということの論《あげつら》い」にいたるまでの「道」をめぐる論述が、春台の『弁道書』をいわば否定的な前提として、逐一その内容を箇条ごとに反駁的にたどる形でなされた批判的論述であることを詳細に論証しています。[1] たしかに春台の『弁道書』が宣長の批判的な「道の論い」を促したものであることは疑えません。だが、『弁道書』が宣長の「道」の論述の前提としてあるあり方は、ただ単に反駁的な対象としてそれがあったといったことではないのです。この問題は、宣長の「神の道」とは儒家「聖人の道」への対抗的な構成物としてのみあるのかという、『直毘霊』における議論の性格にかかわる問題でもあります。『直毘霊』を『弁道書』への単なる反駁書と見ることは、徂徠の「先王の道」と宣長の「神の道」との間にある類似と差異、共感と反感といった両義的な交錯関係を見落とすことになります。いま太宰春台が『易』の「聖人、神道を以て教を設く」という言葉をめぐって『弁道書』でいうところを、私の現代語訳によって見てみましょう。

「天の神道とは、日月星辰・風雨霜露・寒暑昼夜など天地の間における自然のすべては人力の所為ではなく、皆神の所為であって、万物の造化はこれより起り、これによって成就するものであることをいうのです。易にいう「聖人、神道を以て教を設く」とは、聖人の道は何事も天を奉じ、祖宗の命を受けて行われるということです。それゆえ、古えの先王は天下を治めるに当たって、まず天地・山川・社稷《しゃしょく》・宗廟《そうびょう》の祭りを重んじ、禱祠《とうし》・祭祀《さいし》をもって鬼神（天神・地神・祖神）に仕え、民のために年の実《みの》りを祈り、災いを祓い、卜筮して疑いを解決するなど、すべて何事にも鬼神を敬うことを先として事にあたりました。」

これは春台が師である徂徠の鬼神観・神道観に立って展開した論説です。春台はここで「神道」概念の始まりを『易』における聖人の言葉に見ることによって、「神道」を「聖人の道」として、その理念的優先性を儒家の側にとりもどそうとしているのです。この春台の論説はまさしく「神道」の始源性をめぐる挑発的なものであり、これに続く「日本にはもと道は無い」という言い方とともに、国学者たちの激しい反撥を呼び起こすものでありました。だがこの春台の「神道」をめぐる論説を見れば、宣長における「神の道」をただそれへの反撥的な関係だけで見ることはできないことを知ります。宣長の「神の道」はこの徂徠・春台の論説と無縁だといえないばかりか、むしろ彼らの古代祭祀論に深くその根をもっていることを知るのです。宣長の『古事記』『日本書紀』による「神の道」の古学的な再構成は、荻生徂徠が『書経』など中国の古代経典によって「先王の道」を古学的に再構成したことを学ぶことによってはじめて可能であったということができます。近代の優れた国学研究者村岡典嗣は宣長らの神道を「古学神道」と呼びますが、宣長神道とは近世儒家の古学運動が生み出した嫡子であることを村岡は正しくいっているのです。

さらに春台が、「今の世には巫祝《かんなぎ》の道を神道だと心得違いして、王公貴顕の大人から士農工商の一般人にいたるまで巫祝の道を好み学ぶものが多いのは、大きな誤りです。それはもっての外の僻事《ひがごと》といわざるをえません」という既成の世俗的神道への春台の批判を見れば、宣長はこの既成神道への批判的スタンスを徂徠派と共有していたことをも知るのです。この宣長における徂徠派との言説的な共有関係のなかで、「皇国《みくに》」という自己の言説的立脚点の再確認が、春台の挑発的な発言への強い反撥とともに宣長においてなされていくことになるのです。春台は挑発します。

「日本には元来道ということは無いのです。近い時代に神道家というものがいかめしく、わが国の道として神道を高妙な教えのように説いたりいたしますが、それらは皆後世になっていい出された虚談妄説《きょだんもうせつ》に過ぎません。日本に道ということの無い証拠は、仁義・礼楽・孝悌という漢字にあてる日本語の訓みがないことに明かです。……神代より四十代の天皇の頃までは、天子でも兄と妹・叔父と姪も夫婦になるように人倫の道を知らなかったのです。やがて異国との通路が開かれ、中華聖人の道もこの国に行われるようになりました。天下の万事は皆中華に学びました。それよりこの国の人びとも礼儀を知り、人倫の道を覚り、禽獣と同じ行いをしないようになったのです。」

後世の日本で説かれている神道といったものは「虚談妄説」だという春台の既成神道批判に、宣長もまた同調したでしょう。だが「日本にはもと道無し」といい、聖人の道によって教化される以前、天子の行いも「禽獣に等し」かったという春台の発言は、伊勢人宣長に許容しうるものではありません。宣長による、「日本にはもと道無し」とする儒家春台の「聖人の道」への激しい論駁「道ということの論い」はここからなされていくのです。

儒家「聖人の道」への激しい論駁を通じて、宣長は「神の道」をこちら側に、すなわち記紀における神代の古伝を基にして成立させるのです。『直毘霊』とは、「神の道」の成立をめざしての宣長の思想的、言語的な論争書、あるいはむしろ闘争書だといいうるものです。闘争書と呼ぶべきほどに、ここでなされる〈論《あげつら》い〉は激しく、戦闘的です。それは彼の〈異国〉と此の〈御国〉とを分かちながら、同時に〈観念〉に〈事実〉を、〈作為〉に〈自然〉を対置しながらなされる思想的、言語的な闘争であります。この闘争が〈国学的〉と呼ぶべき言語あるいは言説を作り出していくのです。

近世にいたるまで日本の理論的な言語とは漢文であり、したがって理論的な論議・論争もまた漢文でなされるものでありました。宣長は儒家との論争も和文でするのです。『直毘霊』とは儒家「聖人の道」を反駁し、わが「神の道」の成立をいう和文の論争書です。〈国学的〉、あるいは〈宣長的〉というような文章がここに成立するのです。この〈国学的・宣長的〉というべき文章を現代語訳することは、非常に難しく、また現代語訳することでその特性を損なう恐れがあります。私はここで現代語訳するにあたって、極力この特性が失われないように努めました。

最後に『直毘霊』という書名について説明しておきます。直毘神《なおびのかみ》とは、黄泉《よみ》の国から逃げ帰った伊邪那岐命《いざなぎのみこと》が竺紫《つくし》の橘の小門《おど》の阿波岐《あわき》原で禊ぎをするが、その禊ぎによって身に付いた汚れによる禍《まが》を祓《はら》い直そうとする際に成る神です。したがって「直毘霊」とは、禍を直してもとの清々しいあり方に直す働きをする御霊《みたま》ということです。禍を直すとは、漢意《からごころ》という異国の風を祓い去って、もともとの清々しい御国の風に直すことを意味します。

〔凡例〕『直毘霊』は本文を掲げ、その本文を説明し、解釈する文章を付する形で展開されます。その説明文がしばしば一つの論説をなすような長いものです。文中に付された見出し類は読者の便宜のために訳者の付したものです。

『直毘霊』の現代語訳にあたっては、『本居宣長全集』第九巻（筑摩書房、一九六八）所収のものを底本とし、西郷信綱氏による現代語訳『直毘霊』（『本居宣長』所収、日本の名著21、中央公論社、一九八四）を参照した。

直毘霊《なおびのみたま》

【この篇は道ということの論《あげつら》いである】

神ながらの道

天皇《すめらみこと》のお治めになるこの大御国《おおみくに》は、畏れ多くも神御祖《かむみおや》の天照大御神《あまてらすおおみかみ》がお生まれになった御国であり、

わが御国が万国に優《すぐ》れている理由は、ここにはっきりとしている。国という国で、この大御神の恵みの大徳を頂かない国はない。

大御神が御手《みて》に天《あま》つ璽《しるし》▼2を捧げもたれて、

天つ日嗣《ひつぎ》▼3として代々に継がれる皇位の御しるしとして伝えられてきた三種の神宝とはこれである。

千万《ちよろず》の御代《みよ》御代の長きにわたりこの国をわが御子《みこ》が治めるべきことと、御璽《みしるし》をもって

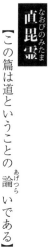

委託《ことよさし》▼4なされたままに、
　天つ日嗣の天皇の御座《みくら》は、天地とともに不動のものであることは、早くこの御委託に定まったのである。
天雲の伏す地の果て、谷蟇《たにぐく》の渡る地の窮みまでも、この国は皇孫《すめみま》の命《みこと》の治められる国と定まって、天下には荒れ逆らう神もなく、服し仕えぬ人もなく、
　千年万年を経た後の世になろうとも、天皇に背きさからうどこの輩《やから》がいるだろうか。
　御代御代の間には、たまたま服従《まつろ》わぬ心穢《きたな》い輩どもがいれば、神代の古事にしたがって天皇の威勢《いきお》いを輝かして、たちまちに討ち滅ぼしてしまわれるのである。
千万《ちよろず》の御代御代を重ねた遠い末の世までも、まことに天皇は大御神の御子でおありになるままに、
　その御代御代の天皇は、すなわち天照大御神の御子にこそあらせられる。それゆえ天皇を「天《あま》つ神の御子」とも、「日の神の御子」とも申し上げるのである。
天つ神の御心を御心として、
　何事につけても、代々の天皇は御自分の御心から賢《かし》こげに政りごとをなさらずに、ただ神代の古事《ふること》にしたがって治められ、疑わしく決めがたい事のあるときは、占いでもって天つ神の御心を尋ねて事を決められたのである。

神代も今もへだてなく、
ただ天つ日嗣《ひつぎ》の天皇の御位が神代も今もへだてなく一続きであるだけではなく、臣《おみ》・連《むらじ》など百官の仕え人にいたるまで、それぞれの氏姓《うじかばね》を大事にして、その子孫の代々に引き嗣き、その家々の職業《わざ》を受け継ぎ、その氏々の祖神《おやがみ》とへだてることなくただ一代のようにして、神代のままにお仕えしたのである。
神《かむ》ながら安国《やすくに》として天皇の平らかにお治めになる大御国であったのだから、
日本書紀の孝徳天皇の御巻に、「惟神《かむながら》とは、神の道に随いたまいて、自ずから神の道有るを謂う」とあるのをよく考えるべきである。「神の道に随う」とは、天皇の天下をお治めになる御事業《みしわざ》はただ神代より行われてきたままにしたがって、いささかの小賢《こざか》しさをも加えないことをいうのである。さてこのように神代のままにしたがって、大らかにお治めになれば、自ずから神の道は不足することなく、他に求めることもないのを、「自ずから神の道有り」というのである。それゆえ「現御神《あきつみかみ》と大八洲国《おおやしまくに》しろしめす天皇《すめらみこと》」[5]と申しあげるのも、その御代御代の天皇の御統治は、そのまま神のご統治であるという意味においてである。万葉集の歌などに、「神ながら云々」とあるのも同じ意味である。韓人《からびと》が、「東に神国有り」[6]といったのも、肯けることだ。

古えの大御代にあっては、道ということをことさらに言挙《ことあ》げしていい立てることはなかったのである。

それゆえ古語でも、「葦原《あしはら》の瑞穂《みずほ》の国は、神ながら言挙げせぬ国▼7」といっている。

異国のさだ

道といえば、ただどこそこに行く道▼8だけがあったのである。

ミチとは、この古事記で「味御路《うましみち》」とあるように、「山路《やまぢ》」「野路《ぬぢ》」などの「路《ち》」に「御《み》」という語をそえたので、ただどこそこに行く路《みち》である。この路をおいてほかに道というものはわが上代にはなかったのである。

物事の理《ことわ》りや為すべき筋道、さまざまな教えごとをこの道あの道と、いちいち道々しくいうのは異国《あだしくに》のさだ▼9である。

異国の聖人とは

異国は、天照大御神の御国でないゆえに、定まった主はなく、荒ぶる神たちがところかまわず騒ぎ立てるので、人心も悪くなり、世の習わしも乱れてしまい、卑賤のものが国を奪い取って、たちまち君主ともなる国である。それゆえ上のものは、下のものにその地位を奪われないように構えをし、下のものは、上のものの隙をとらえてその地位を奪おうと謀《はか》りごとをして、上と下とが相互に敵となりあって、古えより治まることのない国である。そのなかでも威力あり、智恵をもち、人民を手なずけて、人の国を奪い取り、あるいは自国を奪われまいとする謀りごとばかりをして、しばらく国を治めて、後の世の模範ともなった者を、唐土《もろこし》では聖人というのである。例えば乱世には、引き続く戦争から自ずから多くの名将が生まれてくるように、風俗は悪く、治まり難い国を、強いて治めようとすることから、代々その治術をさまざまに思いめぐらし、治め方をも身につけた賢い人びとも生まれてくるのである。聖人とはこのような者であるのに、神のように特別な、不思議な働きをする徳《ちから》を自ずから備えたものと思うのは、間違いである。

聖人の作る道

さてその聖人どもによって作り出され、制定されていったものを道というのである。▼10
それゆえ漢《から》における道というものの主旨を尋ねてみれば、それはただ人の国を奪うための方策と、人に国を奪われないための構えの二つに過ぎないことが分かる。そもそも人の国を奪い取るためには、万事に心を砕き、身を苦しめながら善いことのかぎりを尽くして人を手なずけるゆえ、聖人とはまことの善人に見え、その聖人が作り整えた道も立派で、不足なく、めでたいように見える。けれども、その聖人自身がもともと道に背いて主君を滅ぼし、その国を奪った張本人なのであるから、みな偽りであって、聖人が善い人であるはずはなく、きわめ付けの悪人である。

もともと聖人の穢い心から作られた、人を欺くための道であるゆえか、後世の人びとも上辺《うわべ》だけは尊重する風を見せながら、実際にはだれ一人として守ろうと務めるものもない。こうして聖人の道は国の助けになることもなく、その虚名のみ広がり、世に行われることもなくて、ただ徒に相手を誹《そし》り合う儒者たちのさえずり種《ぐさ》になってしまったのである。ところが儒者たちはただ六経《りくけい》▼11などという書物だけによって、彼の聖人の国こそ道の正しい国であるなどと声高くいったりするのは、大間違いである。

このように道を作り出して、それで正そうとするのは、もともと道が正しくないからする作為の業《わざ》であるのに、かえってそれを聖人の卓越した業とするのは馬鹿げている。そもそも後世にこの聖人の道をそのままに行ったという人でも居ればまだしも、そのような者は一人としていないことは、彼の国の代々の歴史書を見れば明らかである。

ではその道とはどのような貌《さま》をしたものかといえば、仁義・礼譲・孝悌・忠信などという事々しい沢山の徳の名を作り出し、教え説《ごと》を設けて人をきびしく導こうとするのである。ところが後世に作り出された法律を、古代先王の道に反するといって儒者は誹《そし》ったりするけれども、そもそも先王の道自体が古代に作り出された法律ではないのか。また易経といったものをさえ作り出し、大変に意味深いもののようにいって、天地の道理はそこに究め尽くされていると思わせたりする。これもまた世の人びとを手なずけ、治めこもうとする謀《はか》りごとである。

そもそも天地の道理というものは、すべて神の御所為《みしわざ》になるもので、神妙不可思議な、霊異《あや》しいものであるのだから、人の限りある智をもって測り知るなどとてもできはしない。どうして究め尽くすなどということができようか。それなのに聖人のいう言葉を、何事もすべて道理の至極と信じ、尊重したりするのは愚かなことである。この聖人どもがする道理を究めるしわざに習って、後世の人びとも万事について己れの小智をもって推し測りごとをするのは、彼の国の悪癖である。わが大御国の学徒たるものは、これをよく心得て、決して漢人《からびと》のいう言葉に惑わされてはならない。

すべて彼の国は何事につけても細かなことに心を砕き、あれこれと論じ定めようとするゆえに、人の心はおしなべて悪賢《わるがしこ》くなり、かえって事ごとにし過《あや》まって、ますます国は治まりがたくなっていくだけである。とすれば、聖人の道は国を治めるために作り出されながら、かえって国を乱す種《たね》ともなるものなのだ。

皇国《みくに》の古え・道なくして治まる

すべて何事につけても、大らかで事足りているのが、そうしてこそよいのである。それゆえ皇国の古えには、煩わしい言葉による教えなどは何もなかったけれども、下が下まで乱れることなく、天下は穏やかに治まり、天皇の御位は遠く長く伝えられてきたのである。それゆえ彼の異国でいう道の名を用いていえば、これこそ最上至極の大なる道であり、実《まこと》に道があるゆえに、道という言葉はなく、道という言葉はないけれども、道はあったのである。仰々しく道を言い立てるのと、言い立てないことのけじめをしっかりとつけるべきである。

「言挙げせず」とは、異国のように口うるさく言い立てることのないことをいうのである。例えば、学問においても何においても特に優れた人は、自分からその才を言い立てたりしないのに、中途半端な能力しかないものの方がかえって些細なことを大げさに、誇らしく言い立てたりするように、漢国《からくに》などは道が不備であるゆえに、かえって道々しいことばかりを口をそろえて言い立てるのである。儒者たちはこれを知らずに、ただこの皇国に道なしといって軽んじるのである。儒者がこれを知らないというのは、何事でも漢を尊重するその心からすればありうることだろう。だがこの国の識者たちがこれを知らずに、道という言葉のある漢国を羨んで、強いてこの国にも道がありとして、ありもしないことを言い立てて儒者と争うのは、例えていえば、猿どもが人間を見て、毛のないことを笑うのを、それを恥として人間が、俺たちにも毛があるとして、わずかばかりの毛を見つけ出して争うようなことである。それは毛がないものの方が貴いことを知らない愚か者のすることである。

漢のてぶりの混入

古えの大御世には道という言葉もなかったのだが、やや世も降り、書籍が渡来して、それを読み学ぶことが始まってより後は、彼の国の風《てぶり》を習い、次第に万の事に漢の風を交え用いられる御代になっていった。そのような御代になって、わが大御国の古えの御代のてぶりを、漢のそれから区別して神の道と名づけられたのである。それは外国《とつくに》の道などに紛れることのないように神《かみ》といい、また漢の名辞を借りて、ここでも道といったのである。

神の道ということの理由は、後に詳しくいう。

こうして御代御代を経るにつれて、あの漢国《からくに》の風《てぶり》を慕い、それに習うことがいよいよますます盛んになって、とうとう天下をお治めになる政《まつ》り事さえも、もっぱら漢様《からざま》になってしまい、

難波の長柄《ながら》の宮にいました孝徳天皇、淡海《おうみ》の大津の宮にいました天智天皇の御代にいたると、天下の制度《さだめ》もみな漢様になってゆき、こうして後には、古えの御代のてぶりは、ただ神をお祭りする神事にのみ用いられたのである。それゆえ後の代にいたるまで神事にだけ皇国のてぶりはなお多く残っているのである。

青人草《あおひとくさ》▼12の心までも、漢の意《こころ》に移っていったのである。

天皇の大御心をそれぞれの心とせずに、各自が自分の賢《さか》しら心を心とするにいたったのは、漢意《からごころ》に移ったゆえである。

こうして平穏のうちに過ぎてきた御国に、乱れ事、狼藉事も生じて、後には異国に似たような事も混じるにいたった。

この上なく優れたわが大御国の道をさしおいて、他国の賢しげで仰々しい考えや行

いを良いこととして習いまねるゆえ、もともと真っ直ぐで、清々《すがすが》しかった心も行いも、みな穢れて、曲がっていき、後にはとうとう彼の国の厳格な道によらないでは治まらないようになってしまった。そのようになった後の世の有様から、聖人の道によらずしては国は治まらないものと思ったりするのは、治まり難くなってしまったことの罪は、実は聖人の道そのものにあることを覚ることがないからである。わが古えの大御代には、彼の道を借りることなくよく治まっていたことを思うべきである。

神の御所為《みしわざ》

そもそもこの天地の間にある事のすべては神の御心によるのであるが、すべてこの世の中の、春秋の移り行き、雨降り風吹く類い、また国の上、人の上に生じるあらゆる吉《よ》き事・凶《あ》しき事は、ことごとくみな神の御所為《みしわざ》である。さてその神にも善い神があり悪い神があり、そのなす所行《しわざ》もそれにしたがってさまざまであるのだから、世間一般の道理によってその御所為を測り知ることなどはできない。ところが世の中の賢人も凡人も、もっぱら外国の道の教え説《ごと》に惑わされて、すべてこの世のことは神の御所為であることを知らない。皇国《みくに》の学問をする人なども、わが国の古書によって必ず知るべきことであるのに弁えないのはどうしたことだろうか。そもそもあらゆる吉凶の事は、異国の仏教では因果とし、漢の儒教では天命といって天の所為《しわざ》としているが、これらはみな間違いである。仏の説については、世の多くの学者のすでに理解していることであるので、今のべることはしない。ただ漢の天命の説については、賢い人びとでさえ惑わされて、その非を覚るものもないので、今ここにその非を論じよう。

天命の説の間違い

そもそも天命ということは、漢《から》の国の古代、君主を滅ぼしてその国を奪った聖人が、自分の犯した罪を逃れるために天に託《かこつ》けた作り言《ごと》である。真実には、天地に心あることはなく、したがってその命令もあるはずはない。もし本当に天に心があり、道理もあって、善人に国を与えて、その国を善く治めしめようとするならば、周の滅びようとする時に、再び聖人を世に出すことをしなかったのはどうしてなのか。もし周公や孔子に道は全備しているゆえに、その後は聖人を出すことはないというのなら、それもまた心得がたい。その孔子以降に、その教えの道が世に広く行きわたり、国がそれゆえ立派に治まったというのなら、その説は正しい。ところが孔子の後には、その道はますます廃《すた》れて、まったくの徒言《いたずらごと》になり、国はいよいよ乱れたのにもかかわらず、今はそれで十分として、聖人を世に出すこともせず、国の災厄をも顧みずに、ついに秦の始皇帝といった乱暴者に天命を与えてしまって人民を苦しめたのは、何ともひどい天の心得違いではないか。まったくおかしなことだ。天命は始皇などに与えられたのではないゆえに、その治世は短命であったと儒者は言い逃れをいったりするが、しかし短くとも、そのような悪人が天命を受けて王者となるといった道理があったりするのだろうか。

また国を治める君主の上に天命があるというならば、下の諸々の人民の上にも、これが善でこれが悪という徴《しる》しを示し、善人は永く幸せに、悪人は速やかに禍《まが》るのが道理であるのに、そうならずに善人が不幸になり、悪人がかえって幸せになる類いが昔も今も多いのはどうしたことだろうか。もし世の吉凶はほんとうに天の所為であるならば、天にそのような間違いがあってよいのだろうか。

さて後の世になると次第に人心も賢くなるゆえ、国を奪い、それを天命と言い逃れすることを認めなくなった。そこで君主の位を表は禅《ゆず》られたとして、実は奪い取るということも起こってきた。それは良くないことと儒家はいったりするが、実は古えの聖人と称される王たちも、これに異なるものではない。後世の王たちが天命をいうことを信じないのに、どうして古代の王たちの天命だけを真実とするのだろうか。それは混乱ではないか。古えには天命があり、後の世にはないというのもおかしい。

ある人が、舜は尭の国を奪い、禹もまた舜の国を奪ったのだといったが、それはありうることだ。後世の王莽《おうもう》や曹操《そうそう》▼13の類いも表面は禅譲によって位を嗣いだのだが、実際は位を奪ったのであることをもって考えれば、舜や禹の場合もそうであったのであろう。それを古えの人びとは質朴であるゆえに、位を禅《ゆず》ったという言葉を真に受けて、みな欺かれたのである。しかし王莽・曹操のころは世の人びとは賢《さか》しくなって、簡単には欺かれないゆえに、位を奪取した悪事が露見したのである。そのような連中も、古えの世であれば、立派な聖人として仰がれたものを。

禍津日神《まがつびのかみ》▼14の御心による荒々しい御所為《みしわざ》は、どうしようもなく、ただ悲しまざるをえない事である。

世の中に物事を悪く害《そこ》なったり、何事にも正しい道理のままにならない邪《よこしま》なことが多いのは、みなこの神の御心からなされることであって、ことに御心の荒々しくすさまれるときは、天照大御神・高木大神《たかぎのおおかみ》▼15のお力をもってしても制止することはできないのである。まして人の力をもってしては、どうしようもないことである。あの善人が不幸になり、悪人でも幸せになったりする類いなど、尋常の道理に反することの多いのも、みなこの神の御所為であることを、外国には神代の正しい伝えがないゆえに知らない。そこでただ天命の説によって、何事もみな必ずそうなるべき道理を備えるとするのは▼16、はなはだ愚かなことである。

天照大御神の伝え賜う道

しかしながら、天照大御神は高天《たかま》の原《はら》に曇りなく光り輝く神として、この世をお照らしになり、天《あま》つ御璽《みしるし》もまた失われることなく伝えられ、御委任《ことよさし》のままに皇孫《すめみま》の命《みこと》が天下をお治めになって、

異国にはもともと定まった君主というものはなく、ただ普通の人でもたちまちに王となり、王もたちまちただ人になって滅びてしまったりする。それが古くからの異国の風俗《ならわし》なのである。この異国にあって、国を奪おうと謀《はか》りながら取り損なったものを賊として賤しめ、取り得たものを聖人として仰ぎ尊ぶのである。だから聖人というものも、もともとは賊であって、ただ謀りごとに成功したものをいうにすぎな

い。

畏れ多いことながらわが天皇《すめらみこと》は、そのような卑しい国々の王どもと同列であることは決してなく、この御国を生み成された神祖《かむろぎ》の命《みこと》▼17が御みずから授けられた皇統である。この御国は天地の初めから天皇がお治めになる天下と定まっているのである。天照大御神がくだされた詔命《みことのり》にも、天皇が悪いときには従うなとはいわれていないのであるから、天皇の善し悪しを、側《かたわら》より伺い知ろうと謀ったりすることはできない。天地のある限り、日月が照らす限り、幾万代《いくよろずよ》までも揺らぐことのない天皇であるゆえ、古語にも当代《そのよ》の天皇を神と申し上げているように、実に神でいらっしゃるのだから、神である天皇についての善し悪しの議論は棄てて、ひたすらに畏れ敬うのがまことの道である。

ところが中つ世の乱れから、このまことの道に背いて、畏れ多くも朝廷《みかど》に射向《いむ》かい、天皇を悩ませ奉った北条義時・泰時、また足利尊氏などは、恐ろしいことに、天照日《あまてらすひ》の大御神の大きな恩恵を被りながら、それを思い測ることもしない心穢い賊人である。それなのに測りがたい禍津日の神の心の怪しさは、その賊人どもに人びとがなびき順い、子孫の代にいたるまでしばらくも栄えさせたりしたのであった。

そもそもこの世を照らします天津日《あまつひ》の神を必ず尊むべきことを知りながら、天皇を必ず畏れ尊とむべきことを知らない輩がこの世にいたりするのは、漢籍意《からぶみごころ》▼18に惑わされ、その国の乱れた風俗を貴重として、正しい皇国の道を知らず、今の世を照らす天津日の神がすなわち天照大御神であることを信じず、今の天皇がすなわち天照大御神の御子であることを忘れているのだ。

天津日嗣《あまつひつぎ》の高御座《たかみくら》は、

天皇の御位をお嗣ぎになることを日嗣と申すのは、天津日の神の御心を御自分の御心として、その御業《みしわざ》をお継ぎになるゆえである。そのお着きになる御座《みくら》を高御座と申すのは、その御座がただ高いというだけでなく、それが日の神の御座であるからである。古語に日を高照《たかひかる》とも高日《たかひ》とも日高《ひだか》ともいうことを思い起こすべきである。その日の神の御座は次々に伝えられ、天皇命《すめらみこと》はその御座にお着きになるゆえに、日の神と等しくていらっしゃることに疑いはない。このようなわけだから、天津日の神のおかげを蒙っているものは誰しも、天皇命を畏れ敬ってお仕えせねばならないのである。

天地とともに永久に変わらず、揺れ動いたりする世とてないことこそ、この皇国《みくに》の道が霊妙不可思議で、異国のあらゆる道に優って、高く貴い正しい道であることの何よりの証拠である。

漢国《からのくに》などには道という言葉はあっても、道はないゆえに、もともと乱れた国であるのだが、世を経るにつれてますます乱れて、ついに辺境の国人によって国のすべてを奪われてしまった。▼19 その辺境の国人を夷狄といって卑しめ、人間とも見なさなかったのだが、勢力強く、国を奪い取った彼らを、今では仕方なく天子として仰ぎ見ているというのは、まことにもって見苦しい有様ではないか。にもかかわらず儒者たちは、なお漢《から》を良い国だと思いこんでいるのであろう。

この漢では、王だけではない、貴賤尊卑の系統的な別がそもそも定まっていない。周代までは封建の制《さだめ》として、貴賤の別があったようだが、それも王統が変わってしまうと、下までそれに連れて貴賤を問わず変わってしまうのだから、実際にはその別はなかったのである。秦以降になると、いよいよ乱れ、道は成り立たず、下賤の者の女《むすめ》も王の寵愛を得れば、たちまちに后《きさき》の位に上り、王家の女も、家筋も定かでない男に嫁がせて恥ともせず、また昨日まで山賤《やまがつ》下層の者が、今日はにわかに国政をとる高官に登ったりする。およそ貴賤尊卑の品序の定めのない、鳥獣の有様と異ならなくなってしまった。

まことの「神の道」

そもそもこの皇国《みくに》の道とはどのような道かと尋ねてみるに、まずそれは天地の自然《おのずから》の道ではない[20]。

この点をよく弁えて、皇国の道を漢の国の老荘などがいう自然の道と同じだと思い違えてはならない。

人の作った道でもない[21]。この道はいかなる道かといえば、畏れ多くも高御産巣日神《たかみむすびのかみ》の御霊《みたま》によって、

世の中のあらゆる事も物も、ことごとく皆この大神の御霊によって成るのである。

神祖伊邪那岐大神《かむろぎいざなぎのおおかみ》・伊邪那美大神《いざなびのおおかみ》が始められ、

世の中のあらゆる事も物も、この二柱の大神より始まったのである。

天照大御神が受けつぎ、保ち伝えられた道である。それゆえこれを神の道と申し上げるのである。

「神の道」という言葉は、日本書紀の池辺の宮にましました用明天皇の御巻に始めて見える。ただそれは神に仕え、祭ることを指していっているのである。書紀の長柄

の宮にましました孝徳天皇の御巻に、「惟神《かむながら》とは、神の道に随いたまいて、自ずから神の道有るを謂う」とあるのが、まさしく皇国の道を広く指して「神の道」といった始めである。この言葉の趣旨については、すでに上で述べたように、その道といっても特別な行い方があるというのではなく、その意を求めていけば、神に仕え、祭ることを「神の道」ということと同じだということになる。ところが、漢籍に「聖人、神道を設ける」(易)とあるによって、わが国の道を「神道」と呼ぶようになったのだといったりするのは、事の真意を知らないでたらめである。なぜそれがでたらめかといえば、まず「神」としていうものが、此の国と彼の国とでは同じでない。彼の国ではいわゆる天地陰陽の測るべからざるあり方を指して神というが、その神とするものは空しい道理であって、神のたしかな実体があるのではない。皇国の神は、今この現実に天下《あめのした》を統治《しろし》めす天皇の皇祖《みおや》であり、あの空しい道理などと同じ類いのものでは決してない。したがって彼の漢籍にいう「神道」とは、測るべからざる不可思議な道ということであり、皇国の「神の道」とは、皇祖天照大御神の始められ、保たれ、伝えられた道ということである。[22] その意味するところは全く異なるのである。

皇国の道の意《こころ》

さてそのまことの道の意《こころ》▼23は、この古事記をはじめ諸々の古書をよくよく味わい見れば、今でもよく知ることができるものであるのに、世々の学者識者たちはみな禍津日神の心に引き入れられ、ただ漢籍《からぶみ》にのみ心を奪われ、惑わされて、その考えること、言葉にすることはすべて仏と漢の意となってしまい、まことの道の意を覚えることができなくなってしまった。

わが古えには、道をことさらに言葉にしていうことなどはなかったので、古書などには露ほども道々しい考えも言い方も見られない。それゆえ舎人親王《とねりのみこ》▼24を始めとして、世々の識者たちはわが道の意を覚えることができず、ただ道々しい漢籍の説き方ばかりを心に染めて、道をただ天地自然の道理と考えてしまい、漢籍《からぶみ》の道にすがるとは思わずして惑わされ、彼の国の風へと流れていってしまったのであろう。それゆえ異国の道の説を、わが道の羽翼《たすけ》となるべきものと考えたりするのも、すでにその心が漢の道の方へ奪われているからである。

大体漢《から》の国の説きごとは、あの陰陽とか乾坤の説をはじめとして皆、もともと聖人どもが己れの知をもって推し測り、作り出した説であるので、ちょっと聞くかぎりはいかにも道理ありげにきこえるけれども、彼らの垣根を離れてよく見れば、何ほどのこともなく、いたって浅はかなことどもである。さりながら昔も今も、世の人びとはこの垣根の内に迷い入り、離れ出ることをえないのは、何とも残念なことである。

わが大御国の説きごとは、神代から伝えて来たままで、いささかも人の賢《さか》しい知恵を加えたりしたものではないゆえに、上辺《うわべ》は浅々しくきこえるが、実は人智では測りえない、底知れず深い、妙なる道理を備えていることを、あの漢籍《からぶみ》の垣根の内に迷い込んだ人びとは覚ろうとしない。この垣根を離れないかぎりは、たとえ百年や千年かけて学問に力を注ごうとも、それは道のためには何の益にもならぬ無駄ごとであるのだ。ただしわが古書はすべて皆、漢文に移して書かれたものであるので、彼の国のことども一通り心得ておくことは必要であり、漢字について知るためにも、漢籍をも時間があれば学ぶべきである。皇国魂《みくにだましい》▼25を動かぬようにしっかり定めて学ぶ上は、害にはならない。

それゆえ各人が伝授の教えを受けて行うべき神道の説をさまざまにいったりするが、それらは皆、あの道々しい教説を羨んで、近い世に作り出された私説《わたくしごと》である。

ことごとしく秘伝などといって、人を選んで密かに伝授したりする神道の諸説[26]があるが、それらは皆、後世に偽造されたものである。すべて良いことは、どのようにしてでも世に広まることこそが大事であるのに、密《ひそ》かに隠し、普《あまね》く人に知らせず、自分だけの私物《わたくしもの》にしてしまうのは、非常に心汚いやり方ではないか。[27]畏れ多くも、天皇の天下《あめのした》を治《しろ》しめす道を、どうして下《しも》が下の者として勝手に私の物として説いたり、行ったりすることが許されようか。

下たる者は、ともかくもただ上の旨《おもむ》けに従うことが、皇国の道にかなったことである。たとえ神道の行いは特別であるとして、それを教え、学んで特別に行ったりするのは、上に従わぬ私事《わたくしごと》ではないか。

人は皆、産巣日神《むすびのかみ》の御霊《みたま》によって、生まれついたままに、人の身に備えもつかぎりの業《わざ》を、おのずから知り、為すものであるから、

世の中の生きとし生ける物、鳥獣にいたるまで、それぞれの身の程にしたがって備えもつかぎりの業を、産巣日神の御霊によって、おのずからよく知り、為すものであるが、その中でも人は殊に優《すぐ》れたものとして生まれついているゆえ、その優れたものにふさわしく、当然知るべきことは知り、当然為すべきことは為すものであるのに、どうしてその上になお強いて教えることがあろうか。人は教えによらずして

は為しえないといったら、人は鳥獣に劣るということになってしまうではないか。いわゆる仁義・礼譲・孝悌・忠信といった類いのことは皆、人として当然なすべきことであるから、人としてあるかぎりは、教えの助けを借りずとも、おのずからよく知って、為すものである。ところが聖人の道とは、もともと治まりにくい国を、強いて治めようとして作り出されたものであるから、人として当然為すべきことを過ぎて、なお厳しく教え立てようとした強《し》い事であるゆえ、まことの道に適《かな》うものではない。それゆえ口では大事そうにいいながら、まことに聖人の道を行おうとするものは昔から今まで有りもしないのに、これを天理のままなる道と思うのは、大間違いである。

またその道に背く心を人欲として憎むことも心得がたい。そもそもその人欲というものは、どこから、なにゆえに生じたのか。人欲もまた生ずべき理由をもって生ずるのであるから、人欲もまた天理ではないか。

古えの兄弟姉妹婚

また百世を経ても同姓婚を禁じるという制度などは、彼の国の古代からの定めではない。それは周代の制度である。このように厳しく同姓婚の禁止を定めたのは、彼の国の風俗は悪く、親子・同母兄弟間の乱れがやたらに多く、その間の区別がなく乱雑で、治まりがたかったからである。制度が厳しいのは、乱れているゆえで、かえって国の恥ではないか。すべて何事についても法制度の厳しいのは、それを犯すものが多いからである。

さて法制度がそれとして制定されても、まことの道ではない。それは人情に適《かな》うものではないからである。だからそれに従うものは稀れである。後の時代はいうまでもないが、すでに早く周代ですら、諸侯という身分にあっても、この制《さだ》めを犯すものが多かったのだから、それ以下の分際ではなおさらである。姉妹などにも乱れたことをする例もあったという。にもかかわらず儒者どもは、昔から世の人びとがこの禁制を守ることなどできないことを忘れ、この無駄な制めをかえって立派なことのようにみなし、また皇国《みくに》を強いて賤しめ、何かにつけてわが古えの兄弟姉妹婚を取り上げては、あたかも鳥獣の如き振る舞いだとして非難したりするのである。此の国の識者たちも、この古えの事を残念なこととして、いろいろと言い紛らわしながらも、だれもまだはっきりと事柄を判断していうものがないのは、彼の国の聖人の賢《さか》しらによる制めには、必ずや当然の道理があると思いこむことに泥《なず》んで、彼の国に諂《へつら》う心があるからである。諂う心がないならば、彼の国と同じでなかろうと、それが何であろうか。

そもそも皇国の古えにあっては、同母の兄弟姉妹の結婚を避けて、異母の兄弟姉妹などの間の結婚はなされたことは、天皇を始めとして、世に普通になされていたことで、京の都になってからも、それを忌むことはなかったのである。ただし貴賤の別ははっきりとしていたゆえ、おのずから乱れることはなかったのである。ところが後世になって、彼の漢の国の制めを、少しばかり守ろうとしたのであろうか、異母兄弟をもまことの兄弟として、その間の結婚はしないことに定めた。それゆえ今の世では、その制めを犯すのは悪いことである。わが古えには古えの定めがあるのであり、異国の制めを規範として、その当否を論じるべきではない。


古えの大御代には、下《しも》が下までも、ただ天皇《すめらみこと》の大御心を心として、天皇がお思いになる御心のままにしたがってお仕えし、己れの私心《わたくしごころ》をもってすることは決してなかった。

ひたすらに天皇の大命《おおみこと》を畏れ貴み、その御慈愛の大きな蔭に被われて、それぞれにその祖神《おやがみ》を斎《いつ》き祭りつつ、〈文は百頁に続く〉

神を祭ること

天皇が大皇祖神《おおみおやがみ》（天照大御神）を斎き祭られるように、臣連八十伴緒《おみむらじやそとものお》▼28の仕え人、天下の百姓《おおみたから》の民にいたるまで、それぞれ祖神を祭ることは常のことであるが、さらにまた天皇が朝廷のため、天下のために天つ神・国つ神をはじめ諸々の神を祭られるように、下なる人びとも、事にふれて、幸せを求めて善神に願い、禍いを免れるために悪神を和《なご》めて祭り、またたまたま身に罪穢《けが》れを負ったならば、祓い清めることをするのは、人の情《こころ》の当然として、そうあるべきことである。▼29ところが、世の神道家は「心だにまことの道にかないなば、祈らずとても神は守らん」といったりするが、それは仏教・儒教の考えからいうことであって、神の道にはまったく反することである。また異国にあっては、神を祭るに当たっても、道理を先立てて、何をいかに祭るかなどさまざまに議論し、淫祀といって、その祭りを禁じたりする。それは皆、人の賢《さか》しら心からすることである。

総じて神とは、仏《ほとけ》などとはそのあり方を異にして、神には善神だけではない、悪神もあって、神の心も所行《しわざ》にも善し悪しがあるゆえ、悪い行いをする者に福があったり、善い事をする人が不幸であったりすることは世の常である。それゆえ神のなされる事を、道理をもって思い測るべきではない。ただ神の怒りを畏れ慎んで、ひたすらに斎き祭るべきである。だからその祭りには心配りが必要で、その神がいかにも歓喜《よろこ》ばれそうなことをなすべきである。まずすべてにわたって穢れを祓い清め、為しうるかぎりの美味《おい》しい物を沢山に献《ささ》げ、あるいは琴を弾き、歌い舞いなど心楽しい伎《わざ》をして祭ることは皆、神代に例のある古えの道である。ところがただ心を尽くすか尽くさないかが大事だとして、献げ物にも歌舞の伎に心配りをしないのは、漢意《からごころ》による誤りである。

火を忌むこと

また神を祭るには、何よりもまず火を重く忌《い》まねばならぬことは、神代を記す書の黄泉《よみ》の段《くだり》を見て知るべきである。これは祭りの神事だけではない、常の暮らしにおいても慎むべきで、火をみだりにしてはならない。もし火の穢れがあったりすると、禍津日神《まがつびのかみ》は所をえて荒ぶるゆえに、世の中のあらゆる禍《わずら》い事が生じることになる。それゆえ世のため民のためにも、天下にあまねく、火の穢れを忌み慎しんで欲しいものである。現在では、ただ神事の際や、神の鎮座する地においてだけ、かろうじて火の忌みをして、一般に忌むことは一向にしない。火の穢れなどということは、愚かなことと思うのは、小賢《こざか》しい漢意が広まったゆえである。こうして神の御典《みふみ》を解釈して人に教える学者たちすら、ただ漢意の道理をのみうるさいまでに説いて、この火の忌みの説をなおざりにするのは、どうしたことだろうか。

身に備えるかぎりの業で足りていたゆえ、それ以上、何の教えごとを頼むことがあろうか。そもそも幼児にものを教えること、また物造りの技術を教えること、そのほかさまざまな技芸などを教えることは古代でもあったであろう。あの儒教・仏教における教えごとも、煎じ詰めれば、古えの教えごとと異なることはないようであるが、しかしよく見分ければ、同じ教えごとではない。

〈九七頁の文続き〉ほどほどに身に備えるかぎりの業《わざ》をして、ただ穏やかに、楽しく世を過ごすことで足りていたので、今さらその上に、神の道という特別の教えを受けて行わねばならぬ業などがあるだろうか。

それでは神の道とは、漢の国の老荘の考えと等しいのかと、ある人が問うのに答えていう。彼の老荘の徒どもは、儒者の賢しらをうるさがって、自然《おのずから》であることを尊重したので、おのずからわが古えの風に似ていることもある。だが彼らも、大御神の御国ならぬ悪しき国に生まれ、ただ代々の聖人どもの教え説《ごと》のみを聞き慣れたものであるので、彼らが自然《おのずから》なりとするのも、聖人の意における自然であるのだ。万《よろず》の事はすべて、神の御心からする御所為《みしわざ》であることを彼らは知ることがないゆえ、その説は本筋において違っている。

もし強いて世の物識り人《ものしびと》に望むとすれば、汚い漢籍意《からぶみごころ》を祓い清めて、清々《すがすが》しい御国ごころをもって、わが古典《ふるきふみ》をよく学んで欲しいものである。そうすれば特別に伝授されて行うべき道などはないということを、おのずから覚るだろう。それを知ることこそが、神の道を伝え受けて行うことであるのだ。ここまで論《あげつら》い言うのも、わが道の意にそむくようだが、禍津日神の御所為《みしわざ》による世の禍事《まがこと》を、黙って見過ごすことができないので、神直毘神《かむなおびのかみ》・大直毘神《おおなおびのかみ》の御霊《みたま》を賜って、この禍事を直そうとしてである。

上にのべてきたことは、自分の私意《わたくしごころ》からいうことではない。すべて古典に依拠するところのものゆえ、正しく読む人はこれを疑うことはない。

明和八年十月九日

伊勢国飯高郡の御民、平の朝臣《あそみ》宣長、畏《か》しこみてこれを記す。

［評釈］　この『直毘霊』の最後の一節を原文を以て記そう。「もししひて求むとならば、きたなきこころを祓ひきよめて清々しき御国ごころもて、古典《ふるきふみ》どもをよく学びてよ、然せば、受行《うけおこなふ》べき道な

きことは、おのづから知りてむ。其をしるぞ、すなはち神の道をうけおこなふにはありける。」この文の意味するところを私は一〇一頁のように現代語に訳した。私がここで『直毘霊』の結論的一節を原文を引きながら再度みようとするのは、ここに宣長に始まる「わが神の道」をめぐる国学的思想表現の究極的な形を見るからである。それはすでに定説として提示され、受容されている教説への徹底した否定性において表現される「神の道」である。宣長は「受行《うけおこなふ》べき道なきことは、おのづから知りてむ。其をしるぞ、すなはち神の道をうけおこなふにはありける」というのである。「わが神典には教義として受け行うべきような道などはないことを知ること、それこそがわが神の道を受け行うことである」という既定の教義体系への徹底した否定性においてわが「神の道」が規定されるのである。これは驚くべきことだ。既定の神道的教義体系とは儒家神道・両部神道など儒教・仏教・道教などとの習合の上に成立する教義体系である。これらはすべてわが「神の道」ではないと知ること、それこそが真にわが「神の道」を行うことだというのである。これは漢意批判という『直毘霊』が一貫して説いてきた漢字的文化・思想体系に対する全否定的批判こそがわが「神の道」に至る正道だということである。では漢字的文化・思想体系の全否定とともに認識されるわが「神の道」とは何か。それは「神祖伊邪那岐大神・伊邪那美大神が始められ、天照大御神が受けつぎ、保ち伝えられた道である。それゆえこれを神の道と申し上げるのである。」それは代々の天皇に継承される道である。

『直毘霊』の末尾の一節は「皇国日本」の成立のために日本の受容する漢字的文化・思想体系の全

否定的批判の作業がその前提として求められることを明らかにした。「皇国日本」のナショナリズムは漢字的文化・思想体系の全否定的批判を伴うものだということである。記紀神話の文献学的批判者である津田左右吉が日本におけるシナ学的影響の徹底した批判的否定者であったことは、この問題をめぐる重要な例証である。津田は「我が国民思想」の自立的成立を求め続けたナショナリストであった。

注

▼1　小笠原春夫『国儒論争の研究』ぺりかん社、一九八八。同書第一篇第一章「直毘霊とその成因」参照。

▼2　天照大御神に由来する皇位の璽《しるし》としての三種の神宝（八尺勾玉《やさかのまがたま》・八咫鏡《やたのかがみ》・草薙剣《くさなぎのつるぎ》）をいう。

▼3　「天つ日嗣」、「天つ」は天神や天上世界に由来することを示す接頭語。「天つ日嗣」とは天照大御神に由来し、継承されていく天皇の御位、皇位をいう。

▼4　「委託《ことよさし》」、「ことよさし」とは、政り事を委ね、命じること。天皇の統治は天照大御神の委託された統治であるとする。これは江戸時代の幕政は朝廷より委託《ことよさし》されたものという考えを導き、大政奉還がなされることになる。

▼5　日本書紀・孝徳天皇紀。

▼6　日本書紀・神功皇后紀。「（新羅王）吾れ聞く、東に神国有り、日本と謂う。」

▼7　万葉集・巻第一三、「葦原の瑞穂の国は、神ながら言挙げせぬ国、しかはあれど、言挙げぞ我がする。こと

幸くませと。」

▼8 原文は「物にゆく道」である。「もの（物）」はある場所、ある所を漠然と指す名詞で、それゆえここでは「どこそこに行く道」と訳した。宣長がいう「物にゆく道」を「事物そのものへ行く道」などと過剰な意味をもって解してはならない。なお伊藤仁斎も「道はなお路のごとし。人の往来するゆえんなり」（語孟字義）といっている。

▼9 「異国のさだ」稿本『古事記伝』が収める『道云事之論』では「異国之定」となっている。異国の決まった風、やり方。ここで異国とは漢《から》の国であるが、これを御国と異なる別種の国として差異化する。

▼10 荻生徂徠は「聖とは制なり」として、聖人を道の制作者とする。これは聖人（先王）とは礼楽の道という人間の文化的・社会的体系の制作者であることをいうのである。ここから宣長は聖人によって作られた道という、〈作為性〉の否定的な意味だけを拡大して導き出し、聖人の権力意志による虚偽的な詐術としての道をいっていくのである。

▼11 「六経」、中国古代の先王の事績および習俗文化の記録であるが、孔子によって編まれたとされ、経書として尊重されていった。詩・書・礼・楽・易・春秋をいう。徂徠は先王（聖人）の道が備わるものとして「六経」を重視した。ここで宣長が「六経」をいうのは、徂徠派の儒者を意識してである。

▼12 「青人草」、草が盛んに茂ることにたとえて人民をいう。

▼13 「王莽」、前漢末に平帝を殺し、皇帝を称した。「曹操」、三国魏の始祖。権謀に富み、後漢に仕えて黄巾の乱を平定。魏王となる。

▼14 「禍津日神」、伊邪那岐の神が黄泉の国から逃げ帰って竺紫の阿波岐原で禊ぎした際、黄泉の穢れからなる神である。世の禍悪をもたらす神である。宣長においてこの神は、この世の不条理、すなわち善人が不幸にな

り、悪人が栄えるといったことをもたらす神、神意の測りがたい神とされる。

▼15 「高木大神」、高御産巣日神の別名とされる。

▼16 『中庸』の首章に「天命これを性と謂う。性に順うこれを道と謂う」とある。これを朱子は、「天は人物が生じると、命として性（理）を賦与する。その性のままであることが道に順うことである」（中庸章句）と解釈する。

▼17 「神祖の命」、後に「神祖伊邪那岐の大神・伊邪那美の大神」とある。

▼18 「漢籍意」、漢意、漢の書籍による考え方、儒教的な思惟。

▼19 中国は歴史上に何度か異民族王朝の成立を見ているが、ここでは江戸と同時代史的な満州族による清王朝の成立が含意されていると思われる。明清の交代（明の滅亡は一六六〇年）は、東アジアに思想的にも大きな波紋を起こした。国学、ことに宣長における激しい漢意・漢風批判は、明清交代に起因する。

▼20 宣長は聖人の道を、聖人の作為する道として否定した。だが皇国の道をその作為された道の反対としての自然の道として考えてはならないというのである。老荘的な自然の道も儒家聖人の作為の道の反対物として、それもまた漢意の道だというのである。

▼21 徂徠のいう聖人（先王）の制作する道を指していっている。

▼22 ここに皇国の「神の道」ははっきりと定義されている。原文をもっていえば、「皇国の神の道は、皇祖の神の、始め賜いたもち賜う道」、すなわち「天皇の天の下をしろしめす道」である。

▼23 「道の意《こころ》」は直ちに訳せば「道の意味」であろうが、「意《こころ》」とは「意味」というよりはもっと広く、あるいは深く、「考え方」「趣旨」「思想」をも意味する。それゆえここではあえて訳さず、原文のままにした。

▼24 天武天皇の第五皇子。『日本書紀』の編纂を主宰する。

▼25 「皇国魂」、これを直ちに国粋的な日本精神などと解してはならない。漢国学びから御国学びへと知の転換を計ろうとする宣長が、御国学びの徒の心根、あるいは主体性としていうのが皇国魂である。

▼26 度会神道・吉田神道・吉川神道・垂化神道など、近世のいわゆる儒家神道を指している。そこでは日本書紀の神代巻を陰陽五行説や儒家宇宙説をもって解釈し、それを秘伝として伝えていった。

▼27 宣長は吉田神道などの既成神道を、私の解釈を秘説として伝授する教説、すなわち〈私説《わたくしごと》〉として否定する。これを〈私〉とすることで、宣長の古伝・古記にしたがう「神の道」の正しさがいっそう確かになる。その正しさは〈公〉とはいわれない。近世の〈公〉の概念は〈公儀〉としての幕府のものである。それに代わって、「天皇の天の下を治《しろ》しめす道」といわれる。

▼28 朝廷に仕える多くの臣や役人たち。

▼29 宣長はここで神を祀り、神の加護を願う心を人情としながら、天皇による朝廷的祭祀を中心にして民間的祭祀を包括する祭祀的共同世界を描き出している。神道祭祀的共同世界として日本社会をとらえる最初の記述であろう。

第四章　「あの世」と死後霊魂の行方——平田篤胤『霊の真柱』と救済の言

人の死後の霊魂がおもむくような「あの世」はあるのだろうか。仏教で浄土というような彼岸的な世界を、あるいは死後霊魂の行方という人の救済にかかわる問題を神道ではどのように考えたのだろうか。神道の神々には、人の救済にかかわるような神はいるのだろうか。

こうした問題をもっとも積極的に考え、国学的神道学の立場から解答を与えていったのは平田篤胤でした。篤胤はこれらの問題に答えようとはしなかった師本居宣長を批判して、記紀神話の再構成的な解釈によって救済論を含む国学的な神学を形成していきました。この国学的神学体系の形成にあたって、篤胤は天主教の多くの教書を参照しました。彼はそれらを神道的な世界に移し、神道的な言葉で語り直していきました。これは近代の神道神学の形成にとって重要な作業でありました。

宣長がした功績は、まず記紀神話を〈日本の神々とその事跡〉の伝承としてとらえきったことにあります。彼はそこから〈神道〉を儒家の手から取り戻し、〈日本の神々とその事跡〉に備わる道こそが真の「神の道」であることをいっていきました。それを議論としてのべたのが、前章に見た『直毘霊』です。彼はそこで、わが「神の道」とは「畏れ多くも高御産巣日神《たかみむすびのかみ》の御霊《みたま》によって、神祖伊邪那岐大神《いざなぎのおおかみ》・伊邪那美大神《いざなびのおおかみ》が始められ、天照大御神が受けつぎ、保ち伝えられた道である」といい、また「天皇の天《あめ》の下《した》を治《しろ》しめす道」であるともいっていました。そしてこれ以外の、人びとの教えとして説かれるような神道は〈私事《わたくしごと》〉として禁じたのです。したがって宣長国学における神道世界は、日本という国のナショナルな表現であっても、そこに住む人びとの願いや望みを表現するものではなかったのです。端的にいえば、私たちの霊魂は死後どこへいくのか、私たちは救われるのか、といった問題に答えるものではなかったのです。それに答えるようなことは、宣長にとって〈私事〉であったのです。

だが死後私たちの霊魂はどこへ行くのか、どこに鎮まるのかということは、たしかに〈私〉の問題であっても、しかしそれは人びとにとってもっとも切実な問題であるのではないでしょうか。これに答えることは国学者の務めではないのでしょうか。そう考えたのが篤胤です。彼は国学的神道をこういう問題に答えられる神道へと作りかえていこうとしたのです。私は篤胤によるこの作業を、〈国学的神道神学〉の形成作業ととらえるのです。私は篤胤がした〈国学的神道神学〉の形成過程をできるだけ分かりやすい形でここに再現することを試みました。

はじめに「人が死ねば、暗く穢《きたな》い黄泉《よみ》の国に行くしかない」と人びとの救済願望を断ち切るようにいう宣長の言葉と『古事記』解釈とを見ておきたいと思います。篤胤はこの宣長の言葉に反撥するようにして、人の死後の〈霊の行方〉を明らかにし、人びとにおける安心を確保しようとするのです。

1　本居宣長「人は死ねばだれでも黄泉国《よみのくに》に行くしかない」

黄泉国とは

「黄泉国」の注釈（本居宣長『古事記伝』六之巻より）

『古事記』上・黄泉国

一「是《ここ》にその妹伊邪那美命《いもいざなびのみこと》を相見《あいみ》まく欲《おもほ》して、黄泉国《よもつくに》に追い往《い》でましき。」

黄泉国はヨミノクニともヨモツクニとも訓むことができる。ここではヨモツシコメ、ヨモツヒラサカなどの例にしたがって、ヨモツクニと訓んだ。ただ黄泉とだけある場合は、ヨミと訓むべきである。

生き返ることをよみがえるというのも、黄泉から返るという意である。ヨミという名義については「夜見土《よみど》」（日本書紀口訣）とされるが、その「土」は誤りだが、ヨミを「夜見」とするのは、その通りだろう。下文に「一火燭《ひとつびとも》して」とあることからすれば、暗い処と思われる。また「吾《あ》が名妹《なせ》の命《みこと》は上《うは》つ国を知ろしめすべし、吾は下《しも》つ国を知らさむ」（祝詞）といわれ、「妣《はは》の国根《ね》の堅洲国《かたすくに》に罷《まか》らむ」（古事記）という須佐之男命のお言葉などから考えれば、下方にある国である。

さてこの黄泉について、外国渡来の儒教・仏教の書に人の生死をめぐってさまざまに説かれる道理に聞き慣れた後世の人びとは、それぞれ儒によったり、仏によったりして、自分の考える方へと引き寄せて説いたりしているのは、皆間違いである。そのような外国の道々しい書物などなかったわが古代の心に立ち返って、黄泉とはただ死人《しにびと》の往って住む国と心得るべきである。

【ある人が問うた。死んで夜見の国に行くのは、この身ながらに行くのか、それとも魂だけが行くのか。答えていう。この身は死ねば亡骸《なきがら》となって、はっきりとこの現実《うつつ》の国に留まっているのだから、夜見の国には魂が行くのであろう。

また人が問う。古事記には男神が火を燭して見れば、「蛆がたかって云々」とあり、また書紀の一書には、「その妹に会おう欲して、殯斂《もがり》の処に到った」とあるのを合わせ考えれば、死んで夜見の国に行くというのは、実はただ地下に亡骸を蔵《かく》すことをいっているので、別に死人が行く国があるわけではないのではないか。答えていう。それは例の漢意《からごころ》の賢《さか》しさをもってした一応もっともと思われる見方で、だれもがそのように考えがちである。だがもしそうであれば、この古記に伝える夜見の国における種々の事柄はすべて虚空の説となってしまうではないか。

そもそも神代から伝えられる説《こと》は、みな真実《まこと》の事であって、なぜそうであるかの理由は、人智をもっては知ることのできないものゆえ、そのような賢《さか》しら心で思い測るべきではない。始め女神は現実《うつつ》の世にあったときの姿を仮にして男神を出迎えられたのである。男神が火を燭してひそかに見られたのは、夜見の国における女神の実《まこと》の御形である。このようなことはたとえば海神の宮の段にもある。合わせ考えるべきである。また「殯斂《もがり》の処に到った」とあるのは、死人に逢おうとして夜見の国に往くには、その亡骸を蔵《かく》した処から往くのであるだろう。また古事記には、「黄泉比良坂《よもつひらさか》は、出雲の伊賦夜坂《いふやざか》という」とあることからすれば、夜見の国から還ってくるにはその辺りへ出てこられたのであろう。

ただ普通の人間がこの世の現身《うつしみ》ながら、夜見の国に行ってみるといったことはありえないのであるから、一般に夜見との往還の道についてなど、定めいうべきことではないが、何事も神代の事跡にしたがって物は定めるべきことと、人は心得ておかなければならない。】貴いものも賤しいものも、善いものも悪いものも、死ねばみなこの夜見の国に行くのである。

神道に安心なし

本居宣長『答問録』より

［宣長は「人間は死ねばだれしも黄泉《よみ》の国に行くしかない」といいます。黄泉の国とは地底の暗く、穢い世界です。だから「黄泉の国に行くしかない」とは、人の死後の救いへの希求を絶つようないい方です。宣長は神道には宗教的な〈安心《あんじん》〉の教えなどはないといいます。以下の現代語訳は、弟子たちの質問に宣長が書状をもってした答えを編集した『答問録』[1]から、「神道の安心」についての問いに対する宣長の回答です。］

拙作『直毘霊』の趣旨がお心にかなった由、うれしく存じます。それについてもなお、人びとそれぞれにとっての安心[2]はどのようであるのかについて疑わしくお思いとのこと、それはもっともなお疑いと存じます。このことは誰れもだれもがみな疑うことでありますが、ご自分の安心《あんじん》ということは無いことであります。そのわけはまず、わたくしたち下々《そもじも》の者はただ、お上《かみ》の定めた制法《きまり》のままを受けて、それを守り、それぞれの分にしたがってなすべきかぎりの業《わざ》を務めて、世を渡る外はないのですから、特別に安心をえるなどということはまったく無用であるからです。[3]そうであるにもかかわらず、無益の事をいろいろ心に思いえがいて、この天地の道理はこれこれこういうものであるとか、人が地上に生まれるのはこれこれの道理によってであるとか、人が死ねばこれこれこのようになるものであるとか、実は人に知りえぬことをさまざまに論じて、それぞれが自分の方に片寄らせて、勝手に安心の論を立てたりしておりますが、それはみな外国の儒家仏家の賢《さか》しらによる作り事で、畢竟は無益の空論です。天地の道理とか、人の死後のことなど、そうしたことはすべて、人の智をもってしては実は知りえないことですから、いろいろ説いたりしても、それらはみな推量にしかすぎません。御国の上古の人びとはそのような無益の空論に心を煩わすことは露ばかりもなかったのです。ところが外国からさまざまな書《ふみ》どもが渡ってきて、それらを学ぶような世になってからは、あの無益の議論をあれこれ考え、儒によったり、仏によったり、あるいは老子によったりして、それぞれが安心を説くこととなったのです。

さてそのように世の中が一般に小賢《こざか》しく、理屈を好むようになってからは、いずれかの道によって己れの安心を立てておかなければ、心の頼りどころがないようにみな思うようになったものですから、神道の安心をも作って人に教えたりすることになったのです。安心なくては人が神道を信じなくなったからです。しかしながらその神道の安心というものは、諸流派ともに、古えをよく考えることもしない連中によって妄りに作り出された代物です。一つとして古えの道にかなったものはありません。もし強いて神道の安心を定めようとするならば、いささかも儒仏などの考えを心に混じえずに、それらの習気をよくよく洗い捨てて、清らかな心をもって、古事記・日本書紀の上古の巻々をよく見るべきです。少しでも儒仏の習気が残っていては、真実の道を見ることはできません。この習気を洗い捨てることが、第一義であります。しかしながらこの習気は、千有余年、人心の底に染め着いていることですから、随分とよく洗い清めた積もりでいても、なお残っていたりして、とかく脱《ぬ》けがたいものです。

さてこの習気を残らず捨て去って後に、古書をよくご覧になれば、人びとそれぞれの、ご自分の安心というものは無いということも、その安心をいうこと自体が無益の空論であって、みな外国人の作り事であることも、自ずからお分かりになるはずです。これこそが神道の真実の安心です。しかしながらこの境域に到ることのできない人びとは、どれほど神道に安心なしと説き聞かせても、他のことは納得しても、千百人中に一人二人は納得するものもいるかもしれませんが、ただ一つ多くの人が決して納得しないのは、人の死後のことです。人は死んで後にどのようになるかということは、第一にまず人それぞれの心にかかることです。人情とはまことにそのようなものです。それゆえ仏の道とは、この人情のあり方をよく見て作られたものなのです。ですから平生は仏を信じないものも、最後《いまわ》の際に及ぶと、心細さから、多くの人が仏の道におもむくことになるのです。これは人情の当然というべきことです。

ところが神道には、人が死んで後にどのようになるかという安心の論は無いといっては、人の納得しないのは当然です。だが神道における死後の安心というのは、人は死ねば善人でも悪人でも一様に、みな黄泉《よみ》の国に行くということだけなのです。善人であっても良い所に生まれかわるということはありません。これはわが古書の趣旨から明らかなことです。だがこのようにいっただけでは、儒者も仏者ももとより納得しません。ただ下らぬ、馬鹿げたことをいっていると思うだけでしょう。また世間の愚かな人びとでさえ、日頃仏の教えなどを聞いているわけですから、神道に安心無しとだけいっては納得しません。そもそも仏者はこの生死《しょうじ》の安心を人情に適うように面白く説き、他方儒者は天地の道理を考えて、いかにも真理のように説くゆえ、天下の人はみなこの儒仏の説に聞き慣れて、思い思いに信じているところへ、神道の安心はただ、善人も悪人も共に黄泉の国に行くことであるとだけいって、なぜそうであるかの道理をいわなければ、千人万人も納得するわけはありません。

しかしながらその道理はいかなる道理であるかということは、実は人の智をもって測り知ることのできないものです。儒仏などの説は、人が面白がるものですが、しかしそれは面白いように此方《こちら》からうまく作ったものだからです。御国の上古、そのような儒仏などの説を聞くことのなかった世には、そのような小賢《こざか》しい心はないゆえ、人はただ死ねば黄泉の国に行くものとのみ思って、悲しむより外の心なく、これを疑う人もいなかったし、理屈を考える人もいなかったのです。

さてその黄泉の国は、悪く、穢い所ですが、死ねば必ず行かねばならないことでありますから、この世に死ぬほど悲しいことはございません。ところが儒者や仏者は、それほど悲しい極みであることを、悲しむべきではないように、いろいろ理屈をつけていったりいたしますが、それらは真実の道でないことは明らかなことです。

2 平田篤胤「死後の霊魂《たま》は永久に国土に留まる」

平田篤胤の国学が独自な性格をもって成立するのは『霊《たま》の真柱《みはしら》』(一八一三)という書においてです。篤胤は記紀などの古書によって「天《あめ》・地《つち》・泉《よみ》」という宇宙の形成過程を明らかにすることを通じて、「霊《たま》の行方《ゆくえ》の安定《しずまり》」を知ることを目的にこの書『霊の真柱』を著したのです。篤胤国学は、宣長たちの国学にはない課題をになっています。それは死後の霊魂の鎮まる先を明らかにしたいという人びとの安心の要求に応える課題です。ここから篤胤国学は救済論的性格をもった神道神学として形成されていくのです。

ところで篤胤は〈霊の行方〉を「天・地・泉(月)」という宇宙の形成論によって明らかにするといっていました。だが彼の「天・地・泉」という「三大考」的宇宙形成論は、「泉」を月夜見《つきよみ》の国として宇宙の下方あるいは底部に、重く濁ったものの凝り固まった暗黒の否定的世界として形象化していきます。泉《よみ》（夜見）の国がそのような全くの否定的な世界であるならば、そしてそこが死後霊魂の行く先であるならば、篤胤は師宣長がいう「人は死ねば善人も悪人もみな黄泉《よみ》の国に行かざるをえない」といった死後世界観に同調することになってしまいます。救済論的課題を負う篤胤は、泉《よみ》（夜見）の国を人の死後の霊魂の行く先とすることはできません。では篤胤は、人は死ねばその霊魂はどこに行くというのでしょうか。

人は死ねば「神魂《たま》と亡骸《なきがら》」の二つに分かれるが、亡骸は穢く汚れたものゆえ、泉（夜見）の国に属するものであり、それゆえ地底に埋められるのは道理である。だが霊魂《たま》は清浄であり、泉（夜見）に行くはずはない。「人の神魂はもともと産霊の神が賦《く》与されたものであり、その元の因《いわ》れからすれば、天に帰るべき道理である」が、しかし人の霊魂が死後に天に帰ったという事実を日本の古伝承に見出すことはできないと篤胤はいいます。では死後の〈霊の行方〉はどこなのか。篤胤は『霊の真柱』▼4でこう答えていくのです。

平田篤胤『霊《たま》の真柱《みはしら》』より

人の死後の霊魂

さて人の霊魂《たま》[5]はすべて黄泉[6]に行くことはないという道理は、神代の事実[7]によって知られるだけではありません。人が生まれ出ることの大元《おおもと》の因由《いわれ》を考え、死んで後の事実をも見て暁《さと》るべきです。まず人が生まれることは父母の賜物ですが、人の出生の大元の因由は、神の産霊《むすび》の神妙な霊力によって、風と火と水と土の四種の物が結び合わされて身体《からだ》を成し、それに心魂《たましい》が賦与されて生まれるということなのです。

ただしその四種の物がどのように結び合わされるかは知りえないことですが、現に見る人のあり方からそのようにいうのであって、怪しむべきではありません。

人が死ぬと、水と土とは亡骸《なきがら》となって顕わに残ることを見れば、霊魂《たま》は風と火と共《とも》どもに放れ去ると見ることができます。

このことにつけて、「タマシイ」とは「玉奇火《たまあやしひ》」ということではないかと思われます。また万葉集に「人魂《ひとだま》の佐青《さお》なる▼8」と詠まれているように、人魂が青く光って見えるのは、風と火とによることと思われます。それにいかほど厳重に入り口を固めていても、魂はその中に入り込んでくるのも、風と火とが魂の身をなしているからであろうと思われます。その他、思いつくことは多々ありますが、思うところがあって今はいいません。

このことは、風と火とは天に属《つ》き、土と水とは地に属くべき道理であるからです。篤胤がこのように論じたりすることを、ある人が、それは異国の説に類似すると嘲笑していると聞きました。この非難に私はこう答えます。たとえ似ていようと、また同じであろうと、事実に照らして、正しくそれが道理であると見えたならば、どうしてこれが道理だといわないでいられるでしょうか。人が活《い》きているときの呼吸とは、風でなくして何でしょうか。伊邪那岐命《いざなぎのみこと》の御気吹《いぶき》によって風の神が成ることを考えてみるべきです。また人の身体《からだ》がこのように温暖《あたた》かであるのは、火によることでなくて何によるのでしょうか。また身体の潤いは水でなくして何でしょう。亡骸《なきがら》を埋めて、土に化《な》るのでなくして何になるというのでしょうか。すべて仰々しく口先の道理をいうことは悪いことですが、現《うつつ》に見ることのできる道理をどうしていわないでいられましょうか。このことは師の翁宣長先生もまたいわれていることです。篤胤もまた神代の伝承と現の事実とを照らし合わせ灼然として明らかな道理を、沈黙することなく、考えの及ぶかぎりはいおうとするのです。それを異国風の悪い物言いであるとして沈黙するのは、真《まこと》の道に厚い志をもたぬ人か、あるいは道理を尋ね、それを言葉にしうる智力をもたぬ人だからでしょう。この風・火・水・土をもって人体の道理をいうのを、異国の説に似るというのも、彼方《あちら》が此方《こちら》に似ているのであって、私の説が異国の説に似ているのではないことを理解しないのです。実はこの非難も、神代の伝承における事実を十分明らかに知りえていないことからくるものなのです。

これもまた人の霊魂《たま》はすべて黄泉に帰《い》かないことの理由でもあります。そのうえ人の霊魂はもともと産霊の神が賦《わか》ち与《くだ》された神魂でありますから、その元の因《いわ》れからすれば霊魂は死後に天に帰《ゆ》くはずの道理であります。そうではありますが、すべて霊魂は天に帰くということの確かな事実を、私はまだ古えの伝承に見出しておりません。現《うつつ》に見るところの事実によって考えますと、霊魂は正しくこの国土にあって、その不思議な働きを見える形で顕すので、この書ではその事実の確かな証跡を明らかにしようとしているのです。考えてみると、霊魂はこの国土にありながら、天上に往来する事由《いわれ》があったように思われます。わが師宣長先生が、倭建命《やまとたけるのみこと》の御霊《みたま》が「天に上る」といい、また「天に翔《かけ》る」などとあるのを解釈されているのは、強いて魂は黄泉の国に行くという説を通すためのもので、穏やかな解釈ではありません。師は「天に翔る」を「天翔《あまかけ》る」と同義とされていますが、それは区別さるべき言葉で、「天翔る」とは翔け下ること、「天に翔る」とは翔け上ることとは思われなかったのは、解釈の手抜かりだといえます。

霊魂は国土に留まる

このような次第で、人の死後の霊魂が黄泉の国に帰《ゆ》くという古くからの説は成り立ち難いものです。ではこの国土《くに》の人が死んで、その霊魂はどこに帰くのかと申しますと、常磐《ときわ》にこの国土に留まるものであることは、古伝承に説かれている趣きと今の現《うつつ》の事実とを併せ考えれば、明らかに知れることなのです。万葉集にも、「百《もも》足らず八十《やそ》の隈路《くまじ》に手向《たむ》けせば、過去《すぎに》し人にけだしあわむかも」▼9の歌があります。

この歌は今の本には「八十隅坂」とあるのを、荒木田久老《あらきだひさおゆ》が「隈」の字に改め、「坂」を「路」とすることは県居《あがたい》の翁真淵先生の説にしたがったものです。このことはわが師宣長先生も同意されていることで、その通りに違いありません。歌の意味はすでに上にいいました。

この歌に詠まれているように、死人《しにびと》の霊魂の行方は、この顕明《あらわ》▼10の世にいる人には、それをどことはっきりとは定め難く、いい難いものです。

外国から諸説が入り込んでくる以前の、古えの人びとは大らかであったゆえ、死後の魂の行方などについて、かつて確かめようともしなかったのでしょう。

顕明と幽冥の世界

では霊魂の行方はどこかというと、はるか遠い神代に天神祖命《あまつかむろぎのみこと》のお定めになった大詔命《おおみこと》のままに、八十隈手《やそのくまで》に隠れておられる大国主神がお治めになる冥府《かみのみかど》に帰《ゆ》きしたがっているのです。そもそもこの冥府というのは、この目に見える顕国《うつしくに》のどこか一箇所にあるのではありません。それはこの顕国の内のどこにでもあるのですが、現世《うつしよ》とは隔てて、まさしく幽冥《ほのか》にして目に見えず、隠れている世界なのです。それゆえ唐土《もろこし》の人も、これを「幽冥」とか「冥府」という言葉でいったのです。さてその冥府からは、顕世《うつしよ》の人のなす事はよく見えるのですが、顕世からは幽冥の世界を見ることはできません。それは燈火《ともしび》の篭を白と黒との紙でもって真ん中から張り分け、それを一間《ひとま》の中央に置くと、その暗い方から明るい方はよく見えるが、明るい方から暗い方はよく見えないという例によって知ることができるでしょう。

だがこれは顕明と幽冥との別を燈火の明暗の例をもっていったのであって、冥府はいつも暗く、顕世は明るいということではありません。思い違いをしてはなりません。実は幽冥の世界も、それぞれにおける衣食住の道は備わっていて、顕世と変わらないことは、古伝承における海宮《わたつみや》の故事を思えば知れることです。また漢《から》などの外国においても、この日本《やまと》においても、たまたま顕明と幽冥の世界との間を往還したものがいるという事実をよくよく考えて、顕と幽とのあり方を覚るべきでしょう。世の少しばかり学問をした連中が、この幽冥の世界を見ようとしても見えないゆえに、これをなしとしてしまうのは愚かなことです。顕幽それぞれの世界のあることをよく心得ないかぎりは、どれほど広い知識をもつといっても、なおそれは青臭い物知りでしかありません。

霊魂はやがて神

さて現身《うつしみ》の世の人びともこの世に生存している間は、現身の人としてあるのですが、死んで幽冥に帰《おも》むけば、その霊魂はやがて神であって、貴賤・善悪・剛柔の違いこそあれ、それぞれに霊妙不可思議な力をもつことになるのです。なかには卓越した霊魂は、神代の神の霊異な働きにも、おさおさ劣らぬ働きをなし、また事のいまだ起こらぬ前《さき》にその事を人に気付かせたりするなど、神代の神と異なることがありません。

それは菅原道真の御霊の御威勢を見て知るべきです。この神の上について世の生半可の心の持ち主たちがとやかくいうことは、すべて信じるに足らないことです。

墓の上《ほと》りに鎮まる

やがて神である幽世の霊魂は、大国主神が八十隈手《やそくまで》に隠れつつ現世に幸いをもたらされることと等しく、君や親、妻や子に幸いをもたらすことをするのです。では霊魂は黄泉に行かずに、どこに鎮まって、現世の人びとに幸いをもたらすのかといえば、社や祠などを建てて祭られる霊魂はそこに鎮まっているのです。それ以外の霊魂は、それぞれの墓の上《ほと》りに鎮まっているのです。それは神々が常磐《とことわ》にそれぞれの社《やしろ》に鎮まっておられることと同様で、天地とともに窮まりないことであります。さて墓処《はかところ》に葬ることをも、鎮まるといった例は、倭建命が亡くなられ、伊勢の能煩野《のぼぬ》に葬られましたが、命は白鳥となって翔け出で、河内の志幾《しき》に留まりましたゆえ、そこにも御陵《みはか》を作り、鎮まるようにおさせになったと古記にあります。

これは命《みこと》の御霊《みたま》をそこに留めるためになされたことで、すべて古えの墓処は、魂をそこに留めるために作られるものです。倭建命ははじめ能煩野に葬られましたが、そこを飛び出でた御霊の留まった所々にそれぞれ御陵を作られたことでもって暁るべきです。

さて、このように上代より墓処は亡骸《なきがら》を隠し、その霊魂を鎮めるために設けられるものゆえ、私でも誰れでも、死ねばその魂は骸《なきがら》を離れつつも、その墓処の上《ほと》りに鎮まっているのです。それゆえ諸夷《から》も大倭《やまと》も、古えも今も、人の霊魂がその墓の上りで霊異な働きを顕したという事実は、それこそ数え切れぬほどあることです。

世の古学者の誤り

さて世の古学者たちは、うわべは大和魂の持ち主のような顔をして、仏法を情け容赦なく誹ったりいたしますが、師の宣長先生も、「人はどのように生まれてくるのか、人は死んで後はどのようであるのか、そのことはだれにとっても気がかりなことで、ぜひとも知りたいものである」といわれ、また「死後が心にかかるのは、人情の当然である」ともいわれたように、死後についての不安は人として逃れがたいことで、だれもがはっきりさせたいと思うことです。ところが世の古学者たちは、人は死ねば黄泉の国に帰くということは、誤ってわが国に混じり込んできた説であり、わが古伝の上に何の証跡もない説であることを知らずに、死ねば必ず醜悪で穢い黄泉に行くことになるのかと、不安な面持ちで、百人に百人が何かにつけてはこの気がかりをいい出す始末です。[11]

その中には、この国土《くに》は古えと較べると、はるかに美しく立派な姿になっているのだから、黄泉の国もこの国土になぞらえて考えてみれば、きっと美しくなっているにちがいないと慰めごとをいったり、あるいは黄泉の国を穢いとばかり忌み嫌うな、どこであろうと住めば都という諺のように、黄泉の国なりの楽しみはあるものだよ、といったりするものもいます。その他いろいろいったりしていますが、しかしそうしたいい方の底の情《こころ》を尋ねてみれば、だれにとっても黄泉の国に行くことが、常に心配で、気がかりであることからいい出していることなのです。

そもそも人の死後霊魂の行方をめぐる安心の論は、実は外国で取り沙汰される議論であって、わが古えの人びとは霊魂の行方をめぐってあれこれいうことなく大らかであったのですが、外国の安心の論が広く知られるようになった今日では、それぞれの立場から安心の説をいい立て、騒ぐことになったのです。それゆえ古学にしたがう人たちもまた、その気がかりである霊魂の行方を明らかにし、安心をえたいと思うようになるのはまことに当然なことです。師の翁宣長先生は、「安心のないのが、わが古道における安心である」といわれましたが、わが古えの伝承と、今の現《うつつ》の世における事実とを照らし合わせて考えて私は、万国の祖国《おやぐに》である御国には、万国の安心の教えにまさる、妙なる安心の教えがあることを暁《さと》りえました。

古人もかつていわず、師もまたいわれることのなかった安心の説をここに披瀝するのは、世の古学者たちが安心の問題にあまりに未熟であることを見て、黙しているのも、また隠しているのも心苦しく思われたからです。ところがわが同学の仲間への信実《まめ》な心情からしたことを察することなく、私の説くことを憎み、悪しざまにいうのは、どうしたものでしょうか。[12]

哀れなのは、こうした人びとです。若く、盛んなときには、仏法などは無視するようなことをいっておりながら、年老い、あるいは重い患いをして死を間近にするに及ぶと、大体、その心の中で仏の名号をひそかに唱えていると、篤胤は危ぶみ思っているのです。

それは師の翁も、「古えも今も、平生は仏を信じていない人も、最期《いまわ》の際《きわ》に及ぶと、心細さから、ややもすれば仏の道に入ることが多い」といわれていますが、その一つの例を『続古事談《しょくこじだん》』から引いてみましょう。「従二位家隆卿は、若いころから仏法の後世《ごせ》の勤めをすることはなかった。嘉禎《かてい》二年十二月二十三日、病に冒されて出家した。七十九歳であった。やがて天王寺に下り、その翌年、ある人の教えにしたがって、にわかに弥陀の本願に帰し、ひたすら念仏を唱えられた」と記して、そのときに詠まれた七首を挙げています。[13] その中に、

「二つなく頼むちかいは九品《ここのしな》の蓮《はちす》の上のうべもたがわず」

「かくばかり契《ちぎ》りまします阿弥陀仏《あみだぶつ》を知らで悲しき年を経にけり」

と詠まれた歌があります。

家隆卿ほどの人が、その当時の人びとがこぞって尊び信じた阿弥陀の本願を、若い時から知らなかったはずはありません。ただ若く盛んなころは、阿弥陀を尊む気持

ちがなかったから、その道に入ることをしなかったのです。ところが年老いて、病にも冒されなどして、はじめて心細さから仏の道に入ったのです。古学の立場からすれば、残念なことですが、漢《から》の人びとにもこの類《たぐ》いの例は多々あります。これは同じ類いの近頃の例ですが、しかし志の立派な例であるので、ここに記しておきます。伊勢貞丈という人は有職故実《ゆうそくこじつ》にくわしい学者ですが、それだけでなく雄々しい心をもった真の道を心得た人物であったようで、齢七十歳になろうとする時に、年老いたゆえ、念仏をして後世を願ったらどうか、と人に勧められましたが、それに答えて歌七首を詠まれました。その中に、

「むかしより仏の道をとうとむは心おろかに慾ふかき人」
「弥陀仏《みだほとけ》迎い来るとは紫の雲をつかむの類いなるらむ」
「常ならぬ世をなげくこそ愚かなれ移りかわるは天地《あめつち》の道」

という歌があります。この人の精神の柱がしっかりと立っていなかったら、このような歌を詠むことはなかったでしょう。家隆卿の「二つなく頼む」と詠まれた心といずれが良いか、いうまでもないでしょう。

世の古学者を名乗る人びとの多くは歌・物語文《ぶみ》の世界に耽っている人たちで、物の哀《あわ》れを知る人たちでもあるゆえ一層、仏のいう哀れにもなずみ、その最期《いまわ》の際に及

ぶと、「かくばかり契りましまする阿弥陀仏」などと詠んでしまうことになるのでしょう。この古学者のあり方を思うと、世の神道家と称される人たちの方が、かえってこの安心の問題については健気でいさぎよかったように思われます。あの妄作《もうさく》神道▼14を弘めた連中は、死後霊魂の行方に気がかりな人情を早くから慮って、陰陽五行の考えや仏説をも取り入れて、神道を信じるものは日之少宮《ひのわかみや》▼15に生まれるなどと、いかにももっともらしく説いておりましたゆえ、神道者たちはそれを固く信じて、最期の際に及んでもその心を変えることなく、いさぎよかったのです。ところが一般の古学者たちにかえってこの死後霊魂をめぐる安心において劣り、愚かしくさえあるのは、かえすがえすも残念なことです。

師翁の霊魂の行方

哀れな古学の徒の方々よ、大船に乗った穏やかな思いをもって、あの穢い黄泉の国に行くことになるのかといった気遣いはお止めなさい。いままで述べてきましたように、人の死後の霊魂はすべて黄泉の国に行くという伝承も、また事例も見出すことはないからです。師の翁もふと誤って、霊魂《たま》の行方は彼処《かしこ》ぞといわれましたが、翁の御魂《みたま》は黄泉の国に行かれたりはしなかったのです。その御魂のいます処を篤胤はしかとつきとめることができました。翁はそこに泰然《ゆったり》として、すでに先立てるわが学の兄たちを前にして、歌を詠み、文を作り、以前には考えもらし、解き誤ったことなどを新たに考え出し、あるいは誰某《だれそれ》は道に志すこと篤いゆえ、彼に考えさせるようにしよう、などと神議《かむはか》りなさっておいでになるご様子は、現《うつつ》に見るように疑いないことであります。

ではわが翁の御魂《みたま》のおいでになる処はどこかと申しますと、山室山に鎮まっておられます。人の霊魂はみな黄泉に行くという紛れた謬《あやま》り説《ごと》を、師の翁は卑《いや》しい説としばしば思われながらも、それを正すことをついなさりませんでした。しかしながらさすがに上古より墓処とは霊魂を鎮め、留《とど》めるために設けられたものと思われたゆえに、その墓所をあらかじめお造りになり、その際に、歌を詠まれました。

「山室にちとせの春の宿しめて風にしられぬ花をこそ見め」

「今よりははかなき身とは歎かじよ千世のすみかを求めえつれば」

この歌は、すべて霊魂《たま》はあらかじめここが住処《すみか》と定めた処に鎮まるものであることを、教えられている趣きですが、ましてあの山室山は翁の御在世中に、常磐《とことわ》にわが鎮まるのはこのうるわしい山と定めおかれた処でありますから、そこに翁の御魂のいますことは疑いないことであります。その御心の清々《すがすが》しさは、

「敷島の大倭心を人問わば朝日に匂う山さくら花」

と歌に詠まれましたさくら花のようである翁の御魂がどうしてあの穢い黄泉の国にいったりすることがありましょうか。

さてこの身が亡くなって後に、わが魂の行方を私は早く定めおきました。それはどこかと申しますと、

「なきがらは何処《いずこ》の土になりぬとも魂《たま》は翁のもとに往かなむ」

今年先立ったわが妻を伴って、
　このようにいうと、なぜ妻を伴うのかとあやしむ人もいるかもしれませんが、心深く哀れに思うのはわが妻です。私の道の学びを助ける上で大きな功があったのは妻の働きでした。その苦労から病となり、命を失ったゆえ、この妻を伴ってというのです。

直ちに翔《かけ》り行き、翁の御前にお仕えして、世にあるほどは怠った歌の教えを承り、春は翁が植えおかれたさくら花をともどもに楽しみ、夏は青山、秋は紅葉も月も見、冬は雪を見て、のどかに常磐《ときとわ》にお仕えいたします。

【評釈】この書を『神《かみ》と霊魂《たま》』としたのは、宣長国学と篤胤国学のそれぞれの主題が「神」と「霊魂」とであると考えてである。宣長国学の主題が「わが古伝」における「わが神」と「わが神の道」の闡明にあることははっきりしている。だが宣長を終生「先師」として仰ぎ、その教えの継承をいう篤胤の主題が師宣長と同様に「わが神」と「わが神の道」の闡明にあるということはできない。篤胤国学の成立を告げる『霊の真柱』の冒頭で彼はこういっている。「古学《いにしえまなび》する徒《とも》は、まず主《むね》と大倭心《やまとごころ》を堅むべく、この固の堅在《かたから》では、真道《まことのみち》の知りがたき由は、吾が師の翁の丁寧《ねもころ》に、教悟しおかれつる。此は磐根の極み突立つる、厳柱《いかしはしら》の、動まじき教なりけり。斯くてその大倭心を、太く高く固めまく欲するには、その霊《たま》の行方の安定《しずまり》を、知ることなも先なりける。」古学する徒がその心をしっかりと維持するには、それぞれの霊魂の死後の鎮まる先を知ることが第一の重要事だというのである。これは篤胤に先立つ宣長などの国学者から聞くことのできない言葉である。すでに見るように宣長は仏教などの死後の安心をめぐる救済論的言説を漠意として排斥し、わが神典の古事を良く見れば、「小手前の安心と申事はなき事と申事も、其安心は無益の空論にて、みな外国人のつくりごと也と申事も、おのづからよくしられ候、これ真実の神道の安心也」(『答問書』)というのである。世の安心論を「無益の空論」として斥ける宣長と「霊の行方の安定」を得ることを大和心確立のための最初の大事と見る篤胤との間には国学的言説における大きな差異があることを知るのである。

宣長は死後の安心を求めるような人びととの救済論的な問いかけに既成宗教がする答えの虚偽性の徹

底的な批判を通じて、わが古の神々の世界の発見とその世界に帰服することの悦びへの全心身的な転換を促しているのであろう。そこには安心を求める民衆的立場をふまえて、その要求に応える神々とその世界の成り立ちを提示してみせるような救済論的な配慮などは全くない。この民衆の救済論的要求への配慮と回答とを宣長に代わってしていったのが篤胤であった。だが日本の近代は宣長の天つ神の御子たる天皇の治める「公共正大の道」に対して、幽冥神の司る死者の属する世界の「幽冥の道」を説く者を異端として追放する。

「篤胤の独特の思想は『鬼神新論』に明白に現われ、『霊の真柱』において完成されたものであって、平田神道の中枢思想となっている。それは宣長の公共正大の道、真昼の道に対照して、幽冥の道と呼ばるべきものである。宣長が天皇の道を主要な問題としたのに対して、ここでは世界の成り始めや、「世の中の万事の主宰神」や、死後の魂の行くえなどが、主要な問題になる。しかも篤胤は、後者を主張するために宣長の権威を利用し、それによって後者の主張を国学の正統思想たらしめようとしたのである。」（和辻哲郎『日本倫理思想史 下』）

和辻は「公共正大の道、真昼の道」の主唱者たる宣長に対して「幽冥の道」をいう篤胤を宣長の権威を藉りて正統たろうとする異端とみなすのである。死後霊魂の安定《しずまり》を求める篤胤の救済の言説は近代日本の天皇制国家における異端の教説となるのである。和辻の『日本倫理思想史』の下巻は昭和二七年（一九五二）に刊行された。戦後刊行のこの書で戦時日本の国学的ファナティシズムの責めを負って追及され、追放されたのは篤胤であった。

注

▼1 『答問録』、『本居宣長全集』第一巻所収、筑摩書房、一九六八。

▼2 信心や修行によって得られる心の安らぎ、安堵。ここでは死後霊魂の行方にかかわる救済論的な安心が問われている。

▼3 江戸社会における被治者階級に属するものが負わざるをえなかった制約からいわれる言葉である。被治者身分からの政治・国家など公的性格をもった問題についての発言は基本的にはできない。ただ宣長の発言には、この種の発言、すなわち下たる者と自分をあえて限定した発言が非常に多い。それは国学が不可避的に日本の神、そして天皇に言及せざるをえないことへの予防的な発言とも考えられる。

▼4 平田篤胤『霊の真柱』子安宣邦校注、岩波文庫。

▼5 篤胤は霊魂をただ霊とも魂とも、また神魂とも表記し、いずれも「たま」と読ませている。ここでは基本的に霊魂とし、文脈の中で神魂をも用いた。

▼6 篤胤は黄泉をただ泉とも、また夜見とも表記し、「よみ」と読ませている。ここでは基本的に黄泉で統一した。

▼7 篤胤は、「神代の神は、一柱の神さえも、その御魂が黄泉の国に行かれたという例はない」といい、詳しく古伝承によって検証している。

▼8 「人魂のさおなる君がただ独り逢えりし雨夜は久しとぞ思う」（巻第一六）。

▼9　『万葉集』巻三、田口広麻呂が死んだ時に、刑部垂《おさかべたる》麻呂の作った歌。篤胤は次のように解している。「死人の魂はどこにともその行方の知れぬものであるので、其処彼処《そこかしこ》の多くの隈路に捧げものをしたならば、その過ぎにし人に逢うこともできるだろうか。」

▼10　「顕明」は「幽冥」に対する語である。これは大国主命の国譲りにあたって高天の原からの使者に答えた言葉、「吾が治《し》らせる顕露事《あらわにごと》は、皇孫《すめみま》当に治ろしめすべし。吾は退《かく》りて幽事《かみごと》を治らさむ」（『日本書紀』、宣長の訓みによる）の「顕露事」と「幽事」からくるものである。この大国主の言葉を篤胤の「古史」は、「吾が治れる顕明事《あらわごと》は、皇美麻《すめみま》の命治らすべし。吾は退《さが》りて、幽冥事《かくりごと》を治らさむ」（『古史伝』二三）としている。篤胤は『霊の真柱』では「顕明事」「幽冥事」を宣長にしたがって「アラハニゴト」「カミゴト」と訓んでいたが、後に「アラハゴト」「カクリゴト」に訓み改めた。顕明事とは現世《うつしよ》（顕国《うつしくに》・目に見える世界）の人を治める事であり、幽冥事とは幽世《かくりよ》（目に見えない世界）の霊魂を治める事である。

▼11　古学者というのは、真淵・宣長の門に学ぶ国学者をいう。

▼12　篤胤の死後霊魂の行方をめぐる安心論は、宣長国学がもつ言説上の制約ないし境界を超え出たものである。したがって宣長門から篤胤の論説への多くの反論や非難がなされた。

▼13　これは『続古事談』ではなく『古今著聞集』である。「壬生二位家隆七首の和歌を詠じて往生の事」（『古今著聞集』一三）。

▼14　国学者が俗神道として非難する、儒教や密教に附会した既成神道をいう。

▼15　「人生まるる時、天の神より神霊を降したもう。形滅して日の少宮に帰る」（山崎闇斎『神代巻三重講義』）。

第五章　「幽世」と幽冥の神——平田篤胤『古史伝』第二三巻より

平田篤胤は人の死後の霊魂は「現世《うつしよ》（見える現実世界）」から隔てられた「幽世《かくりよ》（見えない幽冥世界）」におもむくとしました。幽世は目に見えない世界として、人びとの生存するこの現世から区別されますが、しかし幽世は人の住む現世の近くに、あるいはその背後にある世界であるといいます。では人の死後、その霊魂が幽世におもむくことはどのような意味で人が救われるというのでしょうか。篤胤は〈古史〉の解釈によって、これらの問題に答えていきます。国学者は神の働きや神々の世界の問題、すなわち神学的な問題について、日本の神話の解釈を通じて答えていきます。これが国学的な神道神学の論の立て方です。いま問題となっている幽世についての論は、記紀神話のいわゆる「国譲り」の段における大国主神の言葉の解釈から導かれるものです。『古事記』ではこういわれています。

「此の葦原中国《あしはらのなかつくに》は、命《みこと》のままにすでに献らむ。ただ僕《あ》が住所《すみか》をば、天つ神の御子の天つ日継《ひつぎ》知らしめすとだる天の御巣《みす》なして、底つ石根《いわね》に宮柱ふとしり、高天《たかま》の原に氷木《ひぎ》たかしりて治め賜わば、僕《あ》は百足《ももた》らず八十坰手《やそくまで》に隠りて侍《さむら》いなむ。（この葦原中国は、お言葉にしたがってすっかりさし上げましょう。ただ私の住まいを、天つ神の御子が皇位を継いでお治めになる光輝く御殿のように、地底の岩に宮柱を太くしっかりと立て、高天の原に千木《ちぎ》を高くそびえさせてお造りくださるならば、私ははるか奥まった所に隠れておりま

しょう。）」

この箇所は『日本書紀』では、天つ神の、「夫れ汝《いまし》が治らせる顕露《あらわに》の事は、是れ吾孫《あがみこ》治らすべし。汝は以て神事《かみごと》を治らすべし（お前が治めている顕露の事は、わが皇孫《みこ》が治めるべきことである。お前は退いて神事を治めるようにせよ）」という勅命に大己貴神《おおあなむちのかみ》（大国主神）が答える言葉としてこういわれています。「天神《あまつかみ》の勅教《のたもうこと》、かく慇懃《ねんごろ》なり。敢えて命《おおせ》に従わざらんや。吾が治らす顕露《あらわに》の事は、皇孫《すめみま》まさに治らすべし。吾は将に退《かく》りて幽事《かみごと》を治らさむ（天神の仰せはまことにねんごろです。どうしてその勅命に従わないことがありましょう。私が治めている顕露の事は皇孫がお治めください。私は退いて幽事を治めましょう）。」

『古事記』では「葦原中国《あしはらのなかつくに》の統治は天つ神の皇孫にさし上げましょう。自分は奥まった所に隠れておりましょう」といっている大国主の言葉は、『日本書紀』では「顕露の事は皇孫がお治めください。私は退いて幽事を治めましょう」となっています。ここではじめて「顕露の事」に対するものとしての「幽事（神事）」が登場するのです。では「顕露の事」「幽事」とは何をいうのでしょうか。またこれらの言葉をどう読むのでしょうか。ここに引いた『日本書紀』の文章についての読み方は宣長のものです。これらの言葉をどう読むかは、これらの言葉でいわれていることをどう理解するかとかかわっています。大国主が答える言葉について、現在なされている読み方はこうです。「吾が治らす

顕露《あらわ》の事は、皇孫《すめみま》当に治めたもうべし。吾は退《さ》りて幽事《かくれたること》治めむ。」（『日本書紀』日本古典文学大系）

「顕露事」を宣長を含めて従来「あらわにごと」と読んできましたが、これは文法的にも間違った読み方であることがいわれ、「あらわごと」と読むことが正しいとされています。篤胤もそう読んでいます。ただ「顕露事」が現世（地上の現《うつつ》の世界）すなわち葦原中国の統治を意味することにおいては変わりはありません。「幽事」については、さきに天つ神の勅命にある「神事」と同義であることから、宣長は「幽事」も「神事」と同様に「かみごと」と読ませています。現在では「神事」は「かみのこと」、「幽事」は「かくれたること」と読んでいます（日本古典文学大系）。ただ「神事」「幽事」は読み方はそれぞれであっても、その意味するところは同じだとされています。すなわち「神事」「幽事」とはともに神を祭ること、祭祀を意味するとされています。したがってこの「国譲り」の段でいわれていることは、葦原中国における統治権と祭祀権との分離であるというのです。天つ神の側からいえば、「土地の行政の権利を奪っても、祭祀の権を奪わず、それを大己貴神（大国主神）に与えた」ことだとされます。これは現代の理解です。しかし「神事」も「幽事」も「かみごと」と読んだ宣長は、そのようには理解していません。

「皇孫が治められる顕露事《あらわにごと》とは、すなわち朝廷によってなされる万の政り事をいうのであって、現世の人の顕わに行う事である。それに対して幽事《かみごと》とは、顕わには目に見えない、誰がなすとも知れずに神がなされる政治《わざ》をいうのである。この世のあらゆる事はすべてみな神の御心からなされることであるが、その中でも、しばらく現世の人のなす事に対して、それと区別して神事《かみごと》というのである。」（古事記伝・第一四巻）

宣長はこう説いた上で、大国主がする「神事」とは、「皇朝の大政を、幽《ひそか》に助け奉る」ことだとするのである。

宣長は「顕事（顕露事）」に「幽事（神事）」を対していっています。だがそのことは「顕世・現世（顕事の世界）」と「幽世（神事・幽事の世界）」という二重世界があることをいうわけではありません。宣長においては現世は、神意（神の意思）の絶対性がいわれる神の世界に包摂されているのです。いやむしろ人が生きるこの世界そのものが神意の中にある世界なのです。

篤胤は産霊の神の物を生み出すような働きとしての神事と、幽世における神としての大国主神のなす神事＝幽事とを区別します。篤胤において幽世の神としての大国主神による死後の霊魂を治める幽世の事（幽事）としての神事がいわれるように、幽世は現世とは区別された死後霊魂の属する世界として存在することになります。では篤胤は大国主の「国譲り」をどのように理解したのでしょうか。篤胤の理解は直ちに、彼によって再構成された「古史」として示されます。篤胤は『古史伝』でこの「古史」を注釈する形で顕世・幽世という二元的世界と、幽世における死後霊魂の救済とを詳しく説いていくのです。

〔凡例〕まず『古史伝』第二三巻の「古史」（一二三段）本文を掲げ、それについての篤胤の注釈文からここでの問題にかかわる箇所を選び、それを現代語訳した。『平田篤胤全集』第三巻（内外書籍）所収の『古史伝』を底本とした。【】内は原文における割り注である。

平田篤胤『古史伝』第二三巻・「古史」一二三段

ここに大国主神《おおくにぬしの》、その平国《くにむけ》たまいし時、杖《つ》きたまえる広矛《ひろほこ》、二柱の神に授けて白《もう》したまわく、「吾れ此の矛を以ちて、卒《つい》に治功《いさお》をなせり。皇孫《すめみま》の命、此の矛を用いて国を治めば、必ず平安《まさ》けくましなむ。吾が治《し》らせる顕明事《あらわごと》は、皇孫の命治らすべし。吾は退がりて幽冥事《かくりごと》を治らさむ。」

「顕明事」の訓み方

「顕明事」はアラワゴトと訓むべきである。

【『日本書紀』には「顕露事」と書いて、「顕露はアラワニという」とあるが、このニはテニヲハのニを誤って付け加えたものなので、疑うことなしに取り除いた。普通にはアラワというのであって、ニは助詞のニである。また「顕露」と書かれた露の字は縁遠く思われるので、後に引く『日本書紀纂疏』にしたがって「顕明」にした。これは古くから用いられた語であり、アラワという言葉によく当たっている。】

「顕明事《あらわごと》」は、その前にいわれている「現事《うつしごと》」と同じことである。これは大国主の大神がその時までなされていた統治のことである。それゆえ「吾が治《し》らせる顕明事」といわれるのである。

「幽冥事」の訓み方

「幽冥事」はカクリゴトと訓むべきである。

【『日本書紀』には「幽事」となっている。この対応語であるアラワゴトは「顕露事」と三字で書かれていることからすれば、もともとは三字であったと考えられる。それゆえ後に引く『日本書紀纂疏』にしたがって「幽冥事」とした。「幽冥」も古くから用いられた語で、カクリという言葉によく当たっている。『旧事紀』には「幽神事」とある。もともとはこれであったかもしれない。また『書紀』は「幽事」をカクレタルコトと訓んでいるけれども、これはアラワゴトの対応語であるゆえカクリゴトと訓むことが正しい。師宣長先生はこの「幽事」は、『書紀』の先立つ箇所で「神事」とあるのと同じカミゴトであり、「神事」は言葉通りに書き、「幽事」は意を汲んで書いたもので、両者ともカミゴトと訓むべきだといわれている。また『書紀』の舒明天皇紀に「幽《カミ》も顕《ヒト》も」とあることによって、「幽事」もこれにしたがってカミゴトと訓むようにせよといわれている。だが舒明天皇紀はカミ（幽）とヒト（顕）とを対応させているゆえ、「幽」をカミと訓むのであって、「幽事」はアラワゴトに対する語であることを十分によく考え、カクリゴトと訓むことが正しいと私は考える。】

「幽事」は前に「神事」といわれていることと同じことである。「現事《うつしごと》」と「顕事《あらわごと》」は同意であり、「神事《かみごと》」と「幽事《かくりごと》」も同意である。ただ言葉としてはウツシゴトがカミゴトに、アラワゴトがカクリゴトに相対していると考えられる。

【『神賀詞《かむよごと》』の祝詞にも「現事・顕事」とあり、また『書紀』のこの段でも「顕・幽」をアラワとカクリと相対した訓みをしていることを考えるべきである。】

顕明事《あらわごと》とは

さて顕明事とは、天下の人民をお治めになる朝廷のあらゆる政《まつ》り事をいうのである。これをアラワゴトというのは、現世の人が顕わに、目に見える形で行うことだからである。【ただ顕明事を朝廷の政り事というのは、これを大きくとった場合のことで、小さくとれば、あらゆる人びとがそれぞれに君や親、夫や兄に仕えたり、現世における生活のあらゆる業を行うことが各自における顕明事である。】

神事《かみごと》＝幽事《かくりごと》・幽冥事《かくりごと》とは

さて天と地が成り立ち、いわゆる天地造化の道が行われて、寒暑・昼夜の往来を重ねて年々が過ぎ、風・火・金・水・土の恵みをほどほどに備えて人間をはじめ万物が生まれ、草木も生い茂り、海川・野山の事にいたるまで、それぞれに掌る神があって、その神々のなさる神事《かみごと》でないことはないのに、産霊の大神が大国主神に特に治めよと勅命された神事＝幽事《かくりごと》とはどのようなことであろうか。それはいわゆる天地造化の道にかかわる神事ではない。

この国土《くに》で祀られる国つ神をはじめ天つ神を、またこの世のあらゆる人びとの、この世を過ぎて幽世《かくりよ》におもむいた霊魂を、この時まで主宰《おさ》める大神を定めておられなかったゆえ、大国主神をその大神と定め、幽冥事《かくりごと》の大権をもって治めよと勅命されたのである。それゆえ大国主神が幽世の大神として行われる神事《かみごと》が、すなわち幽事《かくりごと》である。この幽世の大権は、産霊《むすび》の大神が国土平定の大功への賞として大国主神に賜ったものである。この神事が幽事であることは、『書紀』に書かれている通りである。

【師は幽事とは、「現世の人の顕わに行うことに対して、顕わには目に見えない、誰がなすとも知れずに神のなされる政治《わざ》をいう」とされたが、これではいわゆる造化の神のなす神事とまぎらわしく、幽事としての神事の精確な理解とはいえない。】

大国主神は天つ神の勅命に直ちに「唯《おお》」と応じられ、「吾《あ》は退《かく》りて幽冥事《かくりごと》を治《し》らさむ」と答えられたのである。世々の学者たちはこのことの幽《ふか》い意味を理解しなかったが、ただ『日本書紀纂疏』[1]だけがよく理解し、「顕事は人道なり。幽事は神道なり。人、顕明の地に悪をなすときは、皇これを誅し、幽冥の中に悪をなすときは、神これを罰す。善を為して福を獲ることもまたこれに同じ。神事とは、則ち冥府の事なり」[2]といっている。これは漢語をもってのべられていることではあるが、まことに明瞭な説き方である。くわしくは以下に私のいうところを見ていただきたい。

顕事は人道なり

さてここでなお深く顕事・幽事のあり様を尋ね、考えてみよう。人がこのように現世に生まれ出ることは、伊邪那岐・伊邪那美の男女二神が事始めなされてより次々に、誰れ教えることもなく自然に伝えられてきたことである。人が生まれ出て世にあることは父母の賜物であるが、生まれ出ることの大本をいえば、二柱の産霊の大神の産《むす》びの霊力によるものであることは、すでに初めの章でくわしくのべた。

現世にこのように生まれ出てからは、現世を治める現事《うつしごと》・顕事《あらわごと》を行われる皇孫《すめみま》の命《みこと》（天皇）の御統治《みおさめ》をつつしんで承り、己れにとっての良し悪しは別にして、その御制度《みさだめ》にしたがい、産霊の大神がそれぞれに分かち与えられた正しく善《うるわ》しい真性《まごころ》のままに、上を敬《うやま》い、下を愛《いつく》しみ、それぞれの職業《なりわい》を営み、神の御徳をたずね、現事《うつしごと》・神事《かみごと》の区別、世の中の道理をも学び、弁《わきま》えることは人の常道である。これを『纂疏』は「顕事は人道なり」といったのである。

【ただここで常道というのは、普通の人びとの常の所行《しわざ》をいうので、世に功績を立てるといった所行をいうのではない。功業という意味での所行の概略をいえば、大国主の大神が現世において為された御業《みしわざ》に習って、最上の人は世のため人のために徳《めぐみ》を施し、それに次ぐ人はいわゆる功《てがら》を立て、さらにそれに次ぐ人は世のため人のためになる事どもを書きのこし、天地の神がみの功徳を称え、その化育の功業を書き記して、その功業を助けるほどの業をするのである。これを神習う人の大業というのである。しかしこれは普通の人びとの容易く行えることではないので、上には普通の人びとの行う常の道をいったのである。】

幽事は神道なり

人はこうしてそれぞれの現事《うつしごと》を行いつつ年老い、その時にいたれば死ぬ。死ねばその形体《なきがら》は土に帰り、その霊性《たましい》は消滅することなく幽冥《かくりよ》におもむき、大国主の大神の御統治《みおさめ》にしたがい、その御制令《みおきて》をうけたまわって、その子孫ばかりか縁ある人びとをも、天翔《あまかけ》りして守るのである。これが人の幽事である。それは産霊の大神が定められ、大国主の神が掌られる道ゆえ、『纂疏』は「幽事は神道なり」といったのである。

【ただここで「神道」というのは幽世の神の治められる道ということで、広く「神の道」ということと混同してはならない。】

幽冥の神の賞罰

さて人の真性《まごころ》は▼3、すでにのべたように、産霊の大神の霊性《みたま》を分かちくだされたものゆえ、もともと善心であるのだが、世にある妖神邪鬼《まがかみまがもの》の類いのものが、世の道を乱し、人を悪の仲間に招き入れたりして、悪心を人の心に植えつけ、悪行へと人を誘うのである。それを覚らず、自ら改めることもせずして悪行の顕わな者は、君上《きみ》によって誅罰される。『纂疏』に「人、悪を顕明の地に為すときは、皇これを誅す」といわれているのがこれである。

【人の性《まごころ》がもともと善であることは、人それぞれは善悪の義理を知るゆえに、何が善く、何が悪いかの区別をいうことができることで知れるのだが、ところが人はその口でいうこととは違って、ひそかに悪いことを思い、悪いことを行ったりすることを見れば、それは邪神の所為《しわざ》であるに違いない。それらはもともとの正しい真性《まごころ》の外から、邪《よこし》まに混じり込んできた思いであり、行いであるゆえ邪心・邪行というのである。しかしながら自らの心で善悪を区別しながら、なおその悪へと進むことは、自ら造る悪というべきである。それは産霊の大神の賦命に背くことだからである。人の性はもともと悪であるといったり、性に善悪の別はないといったりするのはみな誤りである。しかしながら悪が性に深く混じり込んでしまった場合は、習いが性となるというように、それを悪心とも悪行とも気付かないことになる。また中には善悪の道理を覚えることができず、悪心・悪行であることをも知らないものがいる。これはいわば変異で、妖魅の類いであり、尋常に語ることはできない。】

さて君上はどれほど聡明であっても現世《うつしよ》の人であるゆえ、人が幽《ひそ》かに心に思うことはもとより、顕わには知られない人の悪行を罰することができない。また顕わに知れない善心・善行を賞《ほ》めることもできない。だが幽冥《かくりよ》を治められる大神は、それをよく見透されて、現世におけるその報いをも与え、また幽冥に入った霊魂《たま》を問い質《ただ》して善悪を区別し、産霊の大神のくだされた性《まごころ》に背いた罪を罰し、その性のままに勉めて善行のあるものを賞め称えることを、『纂疏』に「人の悪を幽冥の中に為すときは、則ち神これを罰す。善を為し、福《さち》を獲るもこれに同じ」といっているのである。

現世の背理と幽冥の賞罰

さて今まで論じてきたことは、善には必ず福《さち》があり、悪には必ず罰があるという正常の道理についてである。だが現世の有様を見ると、この道理のままではなく、善人が不運な禍《わざわ》い事に遭って世を終え、悪人がなぜか幸福をえて世を終える類いがけっこう多い。

これはどういうわけかというと、これもまた妖神邪鬼の類いの所為なのである。

そうであるならば、幽事《かくりごと》を治められる大神は現世における妖神《まがかみ》どもの所為《しわざ》をきびしく禁じるべきであるのに、それを許しておられるのはどうしてなのかというと、そこには忝けなくも有り難い神の思し召しがあるのである。大国主の神が若くておられたとき、母ちがいの兄弟であり、勢力ある八十神《やそがみ》の従者となって袋を負い、苦しい目に遭われたのは、例の妖神が八十神の心に混じり込んで力をつけ、大国主の神を苦しめたのである。

これは今の世でいえば、悪人が幸福をえて、善人が災難に遭うことと同じことである。

大国主の神はにもかかわらず八十神に向けて悪心を発することもなく、苦しい中にも善事に励まれたのである。

【それは八十神が赤裸の兎を欺いて苦しめたのを、大国主の神は兎をお救いになった一事をもっても知れることである。】

さて大国主の神は逃れて黄泉《よも》つ国に到ったとき、須佐之男の大神は大国主を愛《いと》おしく思う御心をもちながら、わざとつれなく強《こわ》い顔つきをして大国主をさまざまに苦しめ、験《こころ》みられた。大国主の神はその苦難を逃れることなく身に受けられた。こうして大国主が上つ国に逃げ帰るとき、黄泉比良坂《よもつひらさか》にまで追ってきた須佐之男の大神は、「母違いの兄弟たちを追い払い、大国主の神となり、宇都志国玉《うつしくにたま》の神となれ」と諭されたのである。その言葉のままに大国主の神は兄弟の八十神たちを追い払われたが、現世においでになるかぎりは国造りの大業に苦労され続けたのである。

これによって考えれば、妖神邪鬼どもの所為《しわざ》は憎いものではあるが、しかしそれは、やがて人の徳行を磨き、徳を成す上で実に益あることである。そのことを覚られ大国主の大神は、須佐之男の大神がご自分になされた教え方に倣われて、人は現世《うつしよ》にあっては徳ある人となれ、幽冥《かくりよ》にあっては功ある神となれと励ます御意《みこころ》から、わざとつれなく強い顔つきで、善人を苦しめて救わず、災難に遭ってもその志を変えることはないかを験《こころ》み、それにまた過ちがあれば、それをも罰せられるのである。徳行に努める善人といえども、小さな過ちを犯さないものはないからである。

幽事の本教

また世間の常人を誤らせて悪行に進め、現世的な仮りの幸福を与えて、そのままにご覧になっているのは、常人といえども小さな善行はあるもので、それに報いるためであるとともに、与えられた仮りの幸福によって傲《おご》ることになるか、ならないかを験みておられるのである。これこそが幽冥《かくりよ》の大神《おおかみ》の人を真の徳行に進めて、真の幸福を人に得さしめる幽事《かくりごと》の本教である。

【ここに説いてきたことは、まことに神事《かみごと》の中の幽《ひ》められたる事で、神の思《おぼ》し召されることの畏くも恐ろしきことは身の毛がよだつようであるが、世人のあまりに神の道をわきまえないことに憤りと悲しさとを覚え、恐る恐る篤胤はここに書き記そうとするのである。大御神たちよ、篤胤の身命はすでに大神に奉り、神の道のかくも尊い由《いわ》れを世の人びとに普く知らしめようと、瞬時の暇《いとま》もなく、この道の学びに仕えますわが身のほども弁えない大きな志を、あわれと見そなわされ、ここに書き現すことの過ちがあれば、神直日《かむなおび》・大直日《おおなおび》の御霊《みたま》をもって聞き直し、見直しまして、わが過ちをお許しくださるよう願いつつ、ここに記すものである。】

また世の幸せと富みとをもつ人びとは、大方、奢りと遊びに耽って、徳行に勉めるものはごく稀れであり、幸せもなく貧しくとも身を清く、正しくして、徳行に勉めるものが多いことをもって、この幽事の本教の尊いことを知るべきである。

【漢籍にも、「天がまさに大任を是の人に降そうとするや、必ず先ずその心志を苦しめ、その筋骨を疲れさせ、その体膚《たいふ》を餓えさせ、その身を欠乏させ、その為そうとすることに反することを起こさせる。それは天がその人の心を働かせ、忍耐強い性質にし、為しえないことをその人に成就せしめるためである」（孟子・告子下）といわれている。もっともな言葉である。しかしながら世の富める人でも徳行に勉めるものも稀れにはあり、貧しくして奢り遊ぶものもあり、貧しきゆえに罪を犯すものも多い。それゆえ、上に述べてきたことは世間のおおよそとしての常のあり方である。】

真の幸福《さいわい》

稀れであることと多いこととをもっていい定めるならば、現世において富み、幸《さち》あることは、真の幸福《さいわい》ではなく、まことは殃禍《わざわい》の種子であることが多い。【それは富みかつ幸あるゆえに、罪を造って、幽世における罰を受けることになるからである。】現世において貧しく、幸《さち》なきことは、真の殃禍《わざわい》ではなく、真の幸福《さいわい》の種子であることが多い。【それは貧しく、幸なきがゆえに、罪も造らず、徳行に勉め、幽世におもむいては、その賞を賜わるからである。ただし多くの人びとの中には、神の恵みで富み、幸ある人もいれば、神の罰によって貧しく、幸なき人もいることについては、今ここで論じるべきことではない。】

そもそも現世で徳行に苦しみ励んだものが幽世に入れば、大神の御賞《みめぐみ》を賜わって永く用いられる。これを真の幸福《さいわい》というのである。現世で奢り、遊びに耽ったものは、幽世に入れば大神の罰を蒙って永く見棄てられる。これを真の殃禍《わざわい》というのである。現世の善悪を判別し、功罪を判定して、その善を賞《め》み、その悪を罰するのは幽世の大神の大権である。軽重・遅速の違いはあっても、大神はそれぞれの善悪に適う賞罰を行われないということはない。現世からその賞罰を知ることはできず、幽世におもむいて初めてその賞罰を知るのである。『纂疏』に「神事とは、則ち冥府の事なり」といっているのは、このことをいうのである。

幽世《かくりよ》こそ本世《もとつよ》

そもそも此の世は、われわれの善悪を試み、それを見定めるために、しばらくの生をくだされた寓世《かりのよ》であって、幽世《かくりよ》こそが人の本世《もとつよ》である。この顕幽の本の義《こころ》を覚らずに、仮りの幸いを好み、求め、それが永い真の殃禍《わざわい》の種子であることを知らないのは、まことに悲しい人の有様ではないか。およそ正しく道を行い、世の過ちを救おうとする人は、生涯辛苦のうちにそれを行うのである。その苦しみの中に行うことは、大国主の神の受苦の行いに似ているのである。

【此の世を寓世というのは、生半可に大和心を説く人の嫌うことであるが、大国主の神が現世におられたのは幾千年であったかは知られぬが、幽世の大神になられては無窮に幽事を治められることに比べれば、それは何ほどのことでもない。人にこれを準えていえば、此の世にある間は、大方の人は百年にも足らないのに、幽世に入れば無窮である。そうであれば此の世は人の寓世で、幽世こそ本世であることに疑いはない。これはまことに外国籍▼4にいわれる通りである。】

【評釈】篤胤がここでいう「現世において貧しく、幸《さち》なきことは、真の殃禍《わざわい》ではなく、真の幸福《さいわい》の種子であることが多い。」「そもそも此の世は、われわれの善悪を試み、それを見定めるために、しばらくの生をくだされた寓世《かりのよ》であって、幽世《かくりよ》こそが人の本世《もとつよ》である」といった救済論的言句を見れば、篤胤自身も「外国籍」とことわっているように、これが天主教的救済論の受容に基づくものであることは間違いない。篤胤における天主教教理受容の実際については次章で見るが、ここでは篤胤における天主教的救済論の構成の意義について考えてみたい。

平田篤胤とほぼ同時代、一八世紀から一九世紀への世紀交代期日本の先駆する知性の代表者に懐徳堂の山片蟠桃（一七四八—一八二一）がいる。当時の懐徳堂は天文学・医学から人間の精神活動・経済活動の諸分野における方法的、合理的認識作業をリードする位置にあった。蟠桃はこの懐徳堂的知性の代表的所有者であった。彼は天文・地理から歴史・経済にいたる百科全書的な構成をもった『夢の代』を著した。その『夢の代』「天文第一」で篤胤の『霊の真柱』が「霊の行方」の解明にあたっての前提としてもった服部中庸の『三大考』を論評した最後に蟠桃はこう記している。「黄泉ノ図ナルモノツイニ地ヨリ下リテ、天・地・泉ト三ツニ分レタルヲ、又転ジテ月天トス。珍説古今ニ類ナシ。其知及べシ、ソノ愚及ブベカラザルナリ。」その愚かさにはとてもついてはいけないとは、批判というより、愚弄の言葉である。私は篤胤の『霊の真柱』にしたがって「霊の行方」を追いながら、いつでもこの蟠桃の愚弄の言葉を思い浮かべていた。しかし同時に篤胤もまた中国経由で伝来するヨーロッパの地動説的宇宙像、世界航海者の世界像・世界図によって動揺し、知の転換を求められたものの一人だと思うのである。蘭学者でもある佐藤信淵（一七六九―一八五〇）が篤胤に国学を学び、殆ど篤胤との共著を思わせるような宇宙論的著述をする関係性をもっていたことなども、篤胤を宇宙論的動揺期の日本に位置づける理由でもある。ただ篤胤の場合はこの動揺は、篤胤を神話的世界像の再構成なり、神道神学の救済論的再構成へとうながすものとしてあったのである。私は篤胤の天主教的教理の受容による神道神学の救済論的再構成を剽窃のいかがわしさとして見るよりは、救済論的神学構築の積極性において評価したい。

注

▼1　『日本書紀纂疏』は一条兼良による『書紀』神代巻のみの注釈書であり、同時に兼良の神道論でもある。注釈書としてよりは神道書として用いられてきた。篤胤の用い方も同様である。成立は室町末期。

▼2　『霊の真柱』が引く『纂疏』の言葉は、「人、顕明の地に悪をなすときは、帝皇これを誅し、幽冥の中に悪をなすときは、鬼神これを罰す」となっている。

▼3　篤胤が「まごころ」と訓ませている「真性」や「性」とは、もともと儒家の概念である。人間の本性を天より与えられた至善の心とする儒家の「性」概念を、篤胤が産霊の神の文脈で読み替えたものである。

▼4　ここで「外国籍」というのは漢籍の天主教教書を指している。篤胤における天主教教理の受容については次章を参照されたい。

第六章　天主教的な神と教えの受容——平田篤胤『本教外篇』より

平田篤胤には『本教外篇』という未定稿の著作があります。この著述がなされたのは文化三年（一八〇六）、篤胤三一歳のときであったとされています。それは篤胤国学がこれから形成されようとする時期です。その時期に篤胤は、『本教外篇』（別名「本教自鞭策」）という著述をしているのです。しかしこれは未完成の学習ノートというべきもので、原稿の形で残されました。では篤胤は何を学習していたのか。彼は漢籍の天主教教書をひそかに学習していたのです。この学習ノートというべき原稿は、数種の天主教教書からの抜き書きや翻訳あるいは翻案的な書き写しからなるものです。この『本教外篇』が重要であるのは、篤胤の神道神学の独自的な形成にあたって天主教教理の受容が大きな意味をもったことを、これが端的に示しているからです。

篤胤の神道神学の独自性は、すでに宣長との対比で見てきましたように、まず記紀神話における〈始まりの神〉を天地に先立つ創造的主宰神としてとらえ直し、その神の始源性を明確化したことです。この創造的主宰神は産霊大神《むすびのおおかみ》といいます。こうして世界はこの産霊大神の〈産霊《むすび》〉からなる世界としてとらえられ、意味づけられることになります。篤胤の神道神学のもう一つの独自性は、世界を顕世《うつしよ》（見える世界）と幽世《かくりよ》（見えない世界）という二元的な、あるいは二重的な世界として再構成し、幽世を死後霊魂の属する世界として、この幽世をめぐって〈救済〉の論を展開していったことです。幽世を治める神として幽冥大神《かくりよのおおかみ》（大国主命）が立てられ、この大神によって生前報われることの少ない徳行者に幽世における真の幸福が与えられるという救済の教えが説かれていきます。このことはすでに篤胤の『霊の真柱』によって、また『古史伝』(第二三巻)によって見てきました。その『古史伝』で篤胤は「現世は寓世《かりのよ》であり、幽世こそ本世《もとつよ》である」といい、そのことは「外国籍にいわれる通りである」ともいっていました。その「外国籍」とは、篤胤がかつて学習した天主教教書をいうのです。篤胤における独自的な神道神学の形成に、天主教教理の受容が大きな意味をもったことはすでに明らかなのです。だが近代日本の神道学、それだけではない倫理学も政治学も、篤胤の神道神学において天主教教理の受容がもった意味を積極的に認めようとはしなかったのです。むしろその事実は隠され、抑えられてきました。

近代日本が正統として尊重したのは宣長の国学でした。宣長は『古事記』とそのテキストを絶対視しました。そこから『直毘霊』に見るような、天照大御神―天皇の道という天皇制的神学が宣長によって構成されていきました。ですから近代の神道学が正統としていったのは宣長の神道学です。それに対して篤胤の神道学はほとんど異端とみなされました。それは近代的な学問によってその継承が拒絶された非合理的で、折衷的な非学問的な体系とみなされました。篤胤自身も〈狂信的〉な学者とみなされました。だが〈狂信的〉であるのは、むしろ宣長の方であったかもしれないのです。彼はひたすら『古事記』とその神話を信じたのですから。『古事記』は宣長によって、われらが第一の〈神典《かみのみふみ》〉となったのです。

篤胤にはこのような『古事記』信仰はありません。『古事記』も『日本書紀』も篤胤は、『風土記』

などとともに〈原初の聖なる神の伝承〉をそれぞれに留めているテキストであったとみなしました。私はこの〈原初の聖なる神の伝承〉を〈原神話〉と呼びます。篤胤は〈記紀神話〉を超えた〈原神話〉を見出そうとしていたのです。だから〈記紀神話〉というナショナルなレベルを超えた〈原神話〉を求める篤胤が、天主教教書を見出し、それを学ぼうとしたのはむしろ自然なことであったといえるのです。篤胤はこの〈原神話〉を「古史」として撰定し、記述していきました。そしてその「古史」の内容をみずから注釈的に解説して主著『古史伝』を書いていきました。前章に見た『古史伝』第二三巻の記述はこうして成立したのです。この『古史伝』の記述をもたらした篤胤における天主教教書の学習という重い事実を、私は『本教外篇』からの抄出とその現代語訳によってここにお見せしようと思います。

『本教外篇』とは

『本教外篇（本教自鞭策）』の未定稿の著述がなされたのは、最初にいいましたように、文化三年（一八〇六）、篤胤三一歳のときであったとされています。文化三年とは、その前年に『鬼神新論』が成り、篤胤学を形づくる多くの著述がこれからなされようとする時期です。『古史成文』『古史徴』の草稿などが成るのはその五年後の文化八年です。篤胤の学の準備期ともいうべき時期に、彼は天主教教書を独自に学習し、その学習に基づいて『本教外篇』を執筆していったのです。しかしこれは完成することなく、未定稿のままに筐底に置かれていきました。たしかに『本教外篇』は完成しなかったのですが、篤胤における天主教教理の学習の成果は、彼の「古史」の撰定と、「古史」の注釈的な解説的記述である『古史伝』に十分に取り入れられています。この未定稿の著述が一般に知られるようになったのは、『平田篤胤全集』第二巻（明治四四年）に収められてからです。

『本教外篇』とは、すでにのべたように、篤胤による天主教教書・教理の独自の学習からなる著述です。篤胤が読んでいるのは、リッチの『畸人十篇』『天主実義』、アレニの『三山論学紀』、パントーハの『七克七書』といった漢籍の天主教教書です。彼はこれらの天主教教書をひそかに学習し、大事な箇所を抜き書きし、翻訳していきました。この篤胤における天主教の学習的受容で重要なのは、教書の内容を彼が神道的な言語的文脈に翻訳的に移し替えていったことです。ここで神道的な翻訳として再構成された天主教的な言語や概念は、やがてそのまま篤胤における独自的神道神学の形成に用いられることになるのです。

『本教外篇』の研究史

宣長の〈古学〉的神道学の継承からなる近代神道学は、篤胤における天主教教理の受容を理解する視点をもっていません。したがって多くの場合、その事実は隠されるか、副次的な問題として扱われてきました。あるいは篤胤の学問の折衷的な雑学性を批判する攻撃材料になってきました。篤胤における天主教教理の受容が、彼の神道神学の展開の上でもっている重要性を最初に指摘し、『本教外篇』をめぐる思想史的研究の先鞭をもつけたのは日本思想史学の村岡典嗣でした。しかし村岡が先鞭をつけたというよりは、篤胤の神道神学上の問題として天主教教理の受容を問うたのは前にも後にも村岡だけであったといえます。たしかに海老沢有道が戦後、村岡の研究を訂正したり、補ったりしましたが、それはあくまで日本における天主教受容史上の問題としてであって、篤胤における神道神学形成上の問題としてではありません。私は篤胤における天主教教理の受容を積極的に評価しています。それは天主教教理を受容することで篤胤は、神道を人びとの生存の意味づけへの要求なり、救済への要求に応えうるような神道に神学的に再構成しようとしたからです。篤胤の神道神学は、宣長の天皇制的な神道神学とは別に、もっと広く、もっと深く、人びとの要求に応えうるような教えとして神道を基礎づけ、体系化していこうとしたものです。日本の近代神道学の不幸は、篤胤を結局は異端にしてしまったことにあります。

［参考文献］

・『本教外篇』、『新修平田篤胤全集』第七巻所収、名著出版、一九七七
・『本教外篇』上、『神道思想集』日本の思想14、石田一良訳注、筑摩書房、一九七〇。現代語訳が付されているが、あまり正確なものではない
・村岡典嗣「平田篤胤の神学に於ける耶蘇教の影響」（大正九年稿）、『日本思想史研究』増訂版、岩波書店、一九四〇
・海老沢有道「国学における天主教学摂取」『南蛮学統の研究』創文社、一九五八
・子安宣邦「国学の神学的再構成——平田篤胤と天主教教理」『平田篤胤の世界』ぺりかん社、二〇〇一

〔凡例〕『本教外篇』から、篤胤の神道学において重要な意味をもった天主教教書からの翻訳や書き抜きを、項目にしたがって抄出し、原文の趣きを残しながらも読みやすい文章の形にした。『篤胤全

集』所収のものを底本としたが、そのテキストにはさまざまな書き入れがある。ここでは原文の文意を補うとみられる書き入れだけを（）内に示した。また難解な語句の意味をも（）内に記した。

平田篤胤『本教外篇』より

天地の創造神・主宰神＝産霊大神

○天地万物に大元高祖《たいげんこうそ》の神あり、御名を天之御中主神《あめのみなかぬしのかみ》と申す。始めもなく終りもなく天上にましまして、天地万物を生ずべき徳を蘊《たくわ》え、為すこともなく寂然として、万有を主宰したもう（いわゆる元始の時より高天原に大御坐《おおみま》す）。次に高皇産霊神《たかみむすびのかみ》・神皇産霊神《かむみむすびのかみ》あり。天之御中主神の神徳を持ち別けて、天地万物を生じ、天地万有を主宰したもう。霊妙不測の産霊《むすび》の徳を具えて、我ら人の本生みの祖父母神にまします。二祖神すでに天地を鎔造《ようぞう》し、伊邪那岐命《いざなぎのみこと》・伊邪那美命《いざなびのみこと》を産出して、国土を固め、人草をも生ましめたもう。この二神は我らが本生みの大父母神にまします。大父母の二神すでに人草を生み、さらに人草を恵まんと万物を生みたもう。風木火金水土の神たちを始め、数多《あまた》の神たちを生みたまえる中に、天照大御神は、その和御魂直日神《にぎみたまなおびのかみ》とともに、天つ日を知ろしめし、月夜見命《つくよみのみこと》は、（その荒御魂禍津日神《あらみたままがつひのかみ》とともに）月夜見国を知ろしめして（あらゆる千万《ちよろず》の国々に幸福《さきわ》えたもうこと終古にわたり窮まることはない。）

○産霊大神《むすびのおおかみ》（天地万物に一大霊明の大父母あり、天上にましまして万物を主宰したもう。御名を産霊大神と申す）は、天地万有の真主である。天を生じ、地を生じ、人を生じ、それを安養し、我ら人の本生みの大父母にて、わが心身性命のすべてはこの大神の賜物である。天地の間の万事万物はこの大神の神徳によって安らかに存立する。我ら人の造次《ぞうじ》にも顚沛《てんぱい》にも（にわかな時も唐突の際にも）欽崇《きんすう》し奉らではならない大神である。

○儒生が問うていう。天地万物に一大霊明の主があって、天地の主宰者であることはわが経書にも数々見えている。詩経には、「皇《おお》いなるかな上帝、下に臨んで赫《かく》たり。四方を監観《みそなわ》して、民の莫《さだまる》（安定）を求む」（大雅・皇矣）とあり、また書経には、「惟《こ》れ皇なる上帝、衷《ちゅう》（まごころ）を下民に降す。恒ある性に若《したが》いて、云々」（商書・湯誥）といっている。程明道も「その主宰を以て、これを帝という」といい、朱子もまた「帝とは天の主宰これのみ」といっている。しかしながら上帝が始めて天地万物を造るという説はいまだ聞かない。大抵、まずわが身があって後にわが神（心性）があり、その神がわが身の主となる。この身なくしては、この神もない。それからすれば天地があって後に天帝はあり、その天帝が主宰者であることに疑いはない。

答えていう。天に主宰があることを覚《し》れば、大なる端《はじ》めはすでに定まっていることを知る。すでにこれを知れば、天帝がまずあって後に天地があるということもまた知りやすい。されば、始め無きの神（前なくしてそれ自身から始まる神）があって後に始まる事物があり、わが身の先に父母があって我を生み、かならず天命の衷（まごころ）を我に降す、すなわちわが身に霊性を賦与するのである。わが身の生ずることなくば、この神身（霊性を具える身）は何によって成るのか。（たとえば）天地はちょうど一家屋のようである。家屋はかならず造作する主人があってはじめて成る。ましてやこの大なる天地が、これを主《つかさ》どる神なくして自ずから成るということなどはありえない。これをもって天地の主宰者が原《もと》より万有《よろず》の先にあったことを知るべきである。始め無きの神はそうあるべき由《ゆえ》あって天地万物を生み、造り出したのである。その天地の主宰者であるあり方は、ちょうど国を開き始めた人がその国の君主であるようである。もし天地の先にこの神なく、天地すでにあって後にこの神があるとするならば、この天地は何によって成るとするのか。上帝は何れより来て、だれがこれを主宰者として立てたとするのか。

○儒生が問うていう。天帝は世の万善の宗主であり、悪を犯すものは天帝の賦命に背くものであるという説は承った。ただし天地は広大であって、そこに繁殖する物類は甚だ多い。そのことごとくを天帝が生み、主宰するとするならば、あの極小微細な物にいたるまでも天帝が構えて造り出したものとすることになるのか。それは煩にして労に過ぎることではないか。

篤胤が答えていう。天帝が万物を生ずるに当たって、大小によって創出の難易があるわけではない。大小あり、変化あり、懸隔《けんかく》あるのは、ことごとく天帝による造化の妙である。その造化の働きは至尊にして間違いなく、至明にして乱れることなく、至能にして労《つか》れがない。大工は家屋を作るのに木石を資材とし、器具を利用し、心力を費やし、時日を重ねて漸くに造り上げるが、大工の働きはそれまでで、家屋の将来の毀存を定めることはできない。だが天帝は無物より万有を生じ、これを保存安養し、将来にわたって毀れ、損なわれないようにするのである。もし天帝が瞬時でも顧みることがなければ、この世界は全無に帰するであろう。それは日にたとえられる。陽光は日より生じる。日なくては陽光はない。少時も照らすことがなければ、天地は暗然として色はない。これによって万物の存在するのは、天帝の保存安養の恩恵によらずしてはないことを知るべきである。天日が照らすところは宇宙に遍く、辺土穢土《へんどえど》といえども、糞泥腐草といえども照らさないことはない。天日はそのことに何の煩労もない。天帝の無物より万物を生じ、それを保存安養して毀れ、損なわれないようにするが、それに何の煩労もないことを、これに準《なぞら》えて知るべきである。

○産霊大神《むすびのおおかみ》は天地を造り、万物を生み、よく万有を制御し、主宰する。天地の創始以来の終わりない生々化々の産霊《むすび》の妙理は、ただ青海原のごとく広大である。その広大を、一滴の水のごとき身をもってどうして測り知ることができようか。ただ尊信の一字こそが、得道の原《もと》であり、功業の首《はじめ》であり、万善の根である。尊信することをうれば、産霊大神が天地の大主宰であり、万民の大父母であることを知って、翻然として敬畏愛慕の誠の念を強めて、大いなる教えを守り、実行し、わが身が何によって生じ、わが霊性の賦与された所以を顧みて、今日は神に昭《あきら》かないかなる善事をなしたか、明日は神に復命すべきいかなる善事をなすべきかと、真実にその時々に勉励するのである。人の子が親に事《つか》えるにあたって、冬は暖かく、夏は涼しくするように、敬愛の心で仕え、これを督《はげ》まし、これを労《いたわ》るといえども、ただその命にしたがって、少しの疑いも、過ぎた望みもない。このようであってはじめてこれを孝子というのである。もし神への敬畏の心なく、いたずらに神道の奥義を探究するのは、たとえば天つ日の光に浴しながら、天つ日の高くわれらを照臨《みそなわ》される徳を感じえずして、いたずらに日を見つめて、強いてその光の原《もと》を求めようとするならば、かならず目眩《めくら》みを起こして、かえって明かりを受けえなくなるようなことである。現に仰ぎ見る日を窮めることなどができようか。人は日を窮めることはできない。ましてや日の旋転する天地を窮めることはできない。いわんや天を生じ、地を生じ、万物造化をなしたもう産霊大神の霊妙の神徳をや。産霊大神の天を生じ、地を生じ、人を生じ、万物を生じたもうことを知るならば、一心に崇敬して、この大神の万有の上にましますことを決して疑うべきではない。

幽冥大神・霊魂・幽神の賞罰

○儒生が問うていう。人がたとえ見える形で小さな善をなそうとも、天帝がその隠された悪を譴責するならば、その人が実は悪者であったことを世の人は知る。ところがその隠された悪を責めずに、かえってこの世の幸福を与えたりするのはどういうわけか。天帝は責めをその人に加えずに、子孫に責めを与えようとするのか。あるいは悪名を世に留め、万年も汚名を滌がないことをもって罰とするのか。それとも甚だしい心労をもって罰とするのか。

篤胤が答えていう。子孫のなす善悪には、自ずからその子孫が受ける賞罰がある。また父が悪人で、子は善人であることもある。逆に父が善人で、子は悪人であることもある。どうして父の過ちを子に移して、善人である子を責めることがあろうか。また父の徳を質《しち》にして、その子の悪を祐《たす》けることなどしようか。まして世間には子も孫もないものもいる。だれが善悪の報いを受けるというのか。そうであればおよそ子孫に遺されたという福《さち》も禍いも、ただ父祖の余慶余禍というようないわば余《あま》りものである。その人自身の功と罪とは、決してその人に代わって受けるものではない。父祖が後に遺した善人・悪人といった評判や、誇りと後ろめたさなどは父祖自身の受くべき賞罰であって、父祖の報いというより余りものというべきものである。

そもそも人としてまずこの生はどこから来て、死はどこに帰りいくのかをよく弁えるべきである。人は生まれ出るにあたり、産霊大神はその霊性を分かちくだしたもう。人は生まれもつ霊性によって義理にしたがい、たえず人本来の初めのあり方に背くことがないようにされたのである。それはたとえば古く朝廷より国々に国司を任じて、その国を治めさせるのに、任符を与え、殿最《でんさい》（成績報告）を課せられ、また事があって地方に将軍を差し向けるときには、その標《しるし》として節刀を賜いて任命され、そして任を終えて復命（帰任の報告）し、その標の物を奉り、朝廷よりお言葉を承ったことのごとくである。人は死ねば形骸は土に帰り、その霊性は万古にわたって滅びることなく、必ず幽冥大神の御判《みさだめ》を承け、天国に復命する。天地の初発《はじめ》より一人も産霊大神の善《うる》わしい霊性を分かち与えられなかったものはなく、顕と幽とが相分かれてより、一人として死んで幽冥大神の賞罰の御判を承らないものはない。

人が善をなしても、微細な瑕《きず》のないものはない。人が悪をなしても、微少な善のないもののはない。幽冥大神は至公至明であって、善人でありながら世の苦しみを受けるものの些少の過ちを煉《ね》り直し、純全たる徳行の人となるに及んで、はじめて天国に復命させたもうのである。悪人のわずかに世の幸せをえたりするのは、その微善に報いてである。だがますます悪を恣《ほしいまま》にして、改悛することのないものにいたっては、重罰を与え、ついに冥獄に降すのである。それはちょうど医者が患者の病いを看るようである。治すことのできる病人には、口に苦い薬をすすめ、救うことのできないものには、食事もその嗜好にまかせて禁じることをしない。幽神（幽冥大神）もしばらく不善をそのままにし、悪をもってその人を満たして、罰を降すのである。どうして幸を与えることなどあろうか。幽神がときに不善の人に世の幸せを与えることもあるが、それは神の恩徳をもってその心を呼び覚まし、行いを改め、再び悪行を犯させないためである。それにもかかわらず全く改めることのないものに対しては、永罰を降すのである。恩を受けることいよいよ深くして、かえって罪を負うこといよいよ重い。ただ死後に罰せられるだけでなく、生前にも罰を受けるものも多い。すべてこれらを思うに、善を賞《ほ》め悪を罰することは、ただ幽神のなすことであり、そのことに軽重遅速の違いはあっても、その賞罰に毫釐《ごうり》（毛すじほどの）の違いもない。天と地が分かれてより以来《このかた》、顕《うつつ》に悪を恣《ほしいまま》にして、幽神にそれ相当の罪責を負わせられなかったものはいない。

○儒生が問うていう。善悪への報応の違うことはないことは聞き取ることはえた。だが冥々になされる報応をだれがよく見ることができるのか。しかも一人の悪人がどれほどの善人を殺害するか知ることもできない。どうしてその悪人を人の目に明らかに懲戒することをしないのか。また善人にその賞を明らかに与え、激励することをしないのか。願わくば、人はみな善をなし、あえて悪をなさざることを。

篤胤答えていう。善には必ず祥《さいわい》を降し、悪には必ず殃《わざわい》を降す。あるいは生前に、あるいは死後に。これはみな幽冥の神の兼用する権《はたらき》である。大抵、善の極みにおいて必ず賞を与え、悪の極みにおいて罰を降す。もし一善を行えばすなわち賞《ほ》め、一悪を行えばすなわち罰するとするならば、一生の間、一日の間に善悪相交《ま》じるものであるのに、それをたちまちに賞め、たちまちに罰するならば、幽神の表彰懲戒の権は、乱れて役立たずのものになってしまう。また一善事をなしても、まだ善人とするには足りない。必ず日々に勤め、励み行って、その終わりにいたるまで変わることのないものを、始めて善人と称すべきである。また一悪を行うも、後日に反省し、改めるならば、まだ悪人の籍に入ったとはいえない。だが改めることをしないものは、まさに河川の下流に居るもので、衆悪はそこに流れ集まる。かくては重罰を与えざるをえない。

また人は貧窮し、地位をも失った境遇にあれば、自らを懲らしめ、自らを責めて努力し、善を為そうとする。だがやや富貴をえて幸せな境遇にいたると、多くのものはたちまちに懶惰《らんだ》の心を生じ、傲慢《ごうまん》になり、淫慾を増していく。富貴をもって善人を賞めることは、かえって悪に招くことになるのではないか。また世の苦しみは微《かす》かなものであり、死にいたればそれも已《や》むのである。悪人はそれらを懼《おそ》れない。死も苦痛も悪人を懲らしめるには足りない。それゆえに幽神は死後永遠の堪えがたい万苦をもって、その悪に相適《かな》う刑とし、眼前の善悪に対してはこの世の報応をもって人に示すのである。だから人びとは報応のあることを知っても、ただその小なるものを知って、大なるものを知らない。その近いものを知って、その遠いものをついに知らない。はたして現世における報応が幽神の人民を陶治《とうや》せんとする真意であり、世道を正しく維持するに足る権衡《けんこう》（釣り合う重し）であろうか。

悪人が多くの善人たちを凌虐《りょうぎゃく》することを論者はいう。思うに、金は火に鎔《と》かされることなくして、その赤色の光を発することはない。幽神が不善の人を許してこの世にあらしめるのは、あるいはその改悛することを期待し、あるいは善人を鍛錬して、その徳を完成せしめようとしてである。磨しても薄くならず、泥にまぶしても黒ずまないものであって、はじめて真徳の人といえるのである。烈火をもって金を試み、艱難をもって徳を試みるのである。仁を為し、義を固く守って死にいたるものもいる。だが義のために艱難を被り、あるいは死にいたるものは、すでに天国に不死の地をえたもの、すなわち真の幸福をえたものである。これはわが神道の奥妙である。人の意《こころ》をもってどうして測ることができよう。

人にのみ霊魂あり

○生物に三種ある。下のものは、生あって覚はない。草木がこれである。中のものは生・覚あって霊はない。禽獣がこれである。上のものは生・覚・霊（生気・覚気・霊気）

の三能ともに備えている。人類がこれである。ゆえに魂にも三種ある。生魂・覚魂・霊魂の三種である。生魂は草木の発育生長を助ける。覚魂は禽獣の触覚運動を助ける。この二つのものは形に囲われ、質に根ざしていて、物にしたがって生滅する。いわゆる始まり有って終り有るものである。人の霊魂は神妙にして、もとより形に堕《お》ちることなく、質に根ざすこともない。それゆえ形とともに交代することもなく、気質の差異もない。人身とともに生じるとはいえ、人身とともに滅びることはない。いわゆる始まり有って終り無きものである。これをもって人の霊魂はひとり異なるものである。身と合しても生き、身と離れても生きる。霊魂において聖賢と不肖《ふしょう》、英雄と凡夫の違いをいうことはない。天帝の賦与したもう性に二つなく、良否によってその性体の変易《へんえき》することはない。それゆえ霊魂の永存するにおいても区別はない。ただその受ける善悪の報応をはなはだしく異にしている。思うに人の霊魂はもとより一身の主である。身体形骸は霊魂に使役されるものである。善悪はその行いを異にしても、その功と罪とをすべての主（霊魂）に帰する。人は死ねば形骸は土に帰し、主である霊魂は自ずから存して、必ず幽世に入り、幽神のその賞罰の審判を聴いて後に、天帝に復命するのである。

幽世こそわが本世《もとつよ》

○つらつら世の有様を見るに、大海中にて暴風荒波に遭遇し、船はことごとく壊れて、溺れた人びとは海中に浮き沈みしつつ、それぞれ自分だけは助かろうとして、傍らの人を顧みることなく、板切れを取り、破れ籠をもち、手に当たるままに人のもつものをも奪って生きようと苦しむ間に、ついにみな死んでしまうような、実に憐れむべき有様である。天祖神《あまつみおやのかみ》が人をこのような辛い苦しみの世界に生じさせたもうのは、人を愛しみたまうことかえって鳥獣にも及ばないのではないか。これはいかなる神慮というべきか。答えていう。この顕世《うつしよ》は人の本世《もとつよ》ではない。天神が人をこの世に生みたもうは、心を誠にして徳を行なうその人の等《しな》を定め試みるために寓居せしめるのである。天神は鳥獣に厚く、人に薄いということではない。われら人をしばらくこの世に居らしめて、試み終わって幽世《かくりよ》に入れれば、尊きは自ずから尊く、卑しきは自ずから卑しい。人の本世は幽世であるからである。人の本業もまた幽世にある。天祖神は人の心が顕世にのみあって、ここを真の郷《さと》とし、この世の卑事に泥《なず》んで、幽世こそがわが本世であることを知らないことを悲しみたもう。それゆえに荼毒《とどく》の苦しみをこの世に置いて、人に幽世を仰望せしめ、神習うことをせしめんとされるのである。この旨を明らかにするならば、万の疑いことごとく解消し、天祖神に恨みごとをいうようなことは決してないであろう。

○人少《わか》きときは長ずることを願い、長じては壮なることを願う。だがそれは死に近づくことである。すでに壮年に及んでは、やがて老いを迎え、老いてはやがて死ぬのである。しかしながら世の人びとは一念一念、一言一言、一行一行において吉に向かい、吉にいたるとして、死期を思うことを不吉とし、凶として諱《い》み嫌う。とはいえ現世にあるのは、ほんのしばしの間である。道に志して常に死期を思えば、心を恣《ほしいまま》にすることはない。およそ人がその慾を恣にするのは、たいがい死の近いことを忘れ、ただ長寿を頼むことによってである。そもそも人のこの世にあるのは、あわき影のごとく、夢のごとくである。そうであるのに人はこの世の慾に引かれた業を営むこと、永久の居にいて営むがごとくである。それ天祖神は人を生じて万物の長とされたが、その寿命ばかりは樹木鳥獣に及ばないのはなぜであろうか。それは人を愛《いつく》しみ、憐れみ、苦しみを省《はぶ》き、過ちの少ないようにとお考えになってである。それゆえ死とは凶ではない。凶の終わることである。覚れる人は明らかに、天神が我にこの顕世を借りて寓居させたもうことを知り、幽世こそ常居であることを知るのである。たとえこの世の寿命が数百歳であろうとも、幽世においてて無窮であることに比べれば、それは瞬く間にすぎない。

付論　絶対的保守主義としての天皇の道

「千万御世の御末の御代まで、天皇命《すめらみこと》はしも、大御神の御子とましまして、天つ神の御心を大御心として、神代も今もへだてなく、神ながら安国と、平けく所知看《しろしめ》しける大御国になもありければ、古への大御世には、道といふ言挙もさらになかりき。物のことわりあるべきすべ、万《よろず》の教へごとをしも、何の道くれの道といふことは、異国《あだしくに》のさだなり。」（『直毘霊』）

1　戦後日本の宣長再評価

一九六〇年とはたしかに戦後日本の転換点であった。政治的にも、経済的にも、思想的にも、学問的にも。日本ナショナリズムの記念碑的国学者として戦後的批判の中にあった本居宣長もまた六〇年代に再評価されていった。小林秀雄や吉川幸次郎によって宣長の『古事記伝』の注釈学的作業が高く評価されていったのもこの時期であった。宣長は〈わが古《いにしえ》〉の比類ない注釈学者として再発見され、再評価されたのである。「古言」とは「古事」であり、「古事」からなる〈わが古《いにしえ》の世も道〉も「古言」によってのみ明らかにされるという宣長の注釈学が、〈わが古《いにしえ》〉の再発見の道を彼らに提示したのである。小林秀雄にとって『古事記』は宣長による古言の注釈学的作業とともに追体験すべき古《いにし》え人の事と心の世界となった。西郷信綱が宣長の注釈学に「古の事と物に至る道」を見出しながら、彼自身による『古事記』注釈作業を始めたのもこの時期であった。西郷は若い文化人類学者山口昌男らとの学的交流を通して『古事記』テキストから古代国家における祭祀体系の神話化的言説構成を読み解こうとしていた。小林の遺書ともいうべき大著『本居宣長』が出たのは昭和五二年（一九七七）であった。これは戦後日本における宣長の復活を刻する事件であった。この『本居宣長』を構成する文章は昭和四〇年（一九六五）五月から昭和五一年（一九七六）一二月までの雑誌『新潮』に連載されたものである。また吉川幸次郎の「本居宣長の思想」が書かれたのは昭和四三年（一九六八）一二月から翌年の一月にかけての時期であると自ら記している。[1] 西郷の『古事記注釈』の第一巻が刊行されたのが昭和五〇年（一九七五）であり、最終の第四巻の刊行をもってその作業が完結したのは昭和の最後の年、すなわち六四年（一九八九）である。ちなみに私が最初の著作『宣長と篤胤の世界』[2]を書いたのもこの時期であり、それが刊行されたのも小林の大著と同じ昭和五二年である。私もまた宣長の思想世界を「注釈学的思想の世界」ととらえ、『古事記伝』の思想的意味を読み出そうとしていた。戦後六〇年代に始まる宣長の学問的評価の転換は、戦後の所謂〈イデオロギー批判〉としての国学批判の不毛さを衝きながら、『古事記伝』における宣長の思想世界を「注釈学的思想世界」として再構成し、それに高い評価を与えていくような転換であった。

だが宣長『古事記伝』をめぐるこの評価の転換は、『古事記伝』からその神道イデオロギー的序文『直毘霊《なおびのみたま》』（本書第三章）をはずしてしまうことであった。かくて『古事記伝』という〈わが古言〉

の注釈学はイデオロギー性をもたない〈わが古言〉による〈わが古《いにしえ》〉の認識の方法となり、それとともに『古事記』もまた〈わが古言〉からなる非政治的な言語的テキストとなったのである。では『直毘霊』とは何か。宣長『古事記伝』の問い直しも、そこから始めねばならない。

2　『直毘霊』とは何か

宣長の『古事記伝』の序論にあたる「一之巻」には『直毘霊』という文章が付せられている。この「一之巻」は「古記典等総論」から始まって「文体の事」「仮字《かな》の事」そして「訓法の事」など、『古事記』の成立やそのテキストの問題、そして注釈の方法などの問題を論じた序論的な文章でもって構成されている。その「一之巻」は巻末に「此の篇は、道ということの論《あげつら》いなり」という副題をもった『直毘霊』を載せているのである。

宣長の『直毘霊』とは、「道ということの論《あげつら》いなり」と副題にいうように、「道」をめぐる論争書である。「論い」とは言挙げして事の正否を争うことである。「言挙げ」とは、ことさらに言い立てることである。宣長は漢《から》の学者たちの言挙げの風を非難するが、その宣長自身が論争する学者であったのである。彼にはいくつもの論争・論駁の文章がある。宣長は論争を通して自分の考えを展開させていった学者でもあった。宣長をただ精緻な注釈学者、〈物のあわれ〉を解する文学者としてだけ認めるものは、口汚い言葉をもって激しく論駁する宣長を知って当惑するだろう。しかしその両方が宣長なのだ。『古事記伝』という注釈書は『直毘霊』という論争書を序文としてもっているのである。

では『直毘霊』が「道ということの論い」だというが、その論争はどのように展開されるのか。『直毘霊』は、わが国は天照大御神に由来し、代々その御子に継承される皇位を継ぐ天皇によって統治される国と定まっているゆえ道々しい議論が起こったり、それを必要とする理由はないという。

「千万御世の御末の御代まで、天皇命《すめらみこと》はしも、大御神の御子とましまして、天つ神の御心を大御心として、神代も今もへだてなく、神ながら安国と、平けく所知看《しろしめ》しける大御国になもありければ、古への大御世には、道といふ言挙もさらになかりき。」

この皇統の連続性をめぐっていう宣長の言葉は重要である。天照大御神に由来する皇統の連続性は、絶対的保守主義ともいうべき日本の国家原則であって、これに代わる国家原則をめぐる議論が日本に生じることはないというのである。二〇一九年に行われた現天皇への践祚の儀式を見れば、この二十一世紀日本においてもあの天皇制国家の原則はなお不動のものとしてあることを知る。宣長は道々しい言挙げのない絶対的保守主義というべきわが国風にたちながら、「物のことわりあるべきすべ、万の教へごとをしも、何の道くれの道といふことは、異国のさだなり」というのである。いま宣長は天照大御神に由来する皇統の連続性に立った絶対的保守主義というべき神国日本の国家原則（神の道）に対するものとして、制度・規範の制作者たる聖人を前提にした儒家的規範主義を「異国のさだ」として否定的・排外的に記述していくのである。「異国《あだしくに》」とはただ他国をいうのではなく、自国と異別される〈異様の国〉をいうのである。

3 「異国のさだ」

『直毘霊』において宣長が〈儒家聖人の国〉として仰ぎ見られてきた〈漢《から》〉をいかに「異国」として価値転倒的に口汚くその〈聖人の道〉のありようを記述していくかを見ていただきたい。ここには『直毘霊』の原文を現代語に訳して引いている。[3] また文中の小見出しも筆者による。

「物事の理《ことわ》りや為すべき筋道、さまざまな教えごとをこの道あの道と、いちいち道々しくいうのは異国《あだしくに》のさだである。[4]

異国の聖人とは

異国は、天照大御神の御国でないゆえに、定まった主はなく、荒ぶる神たちがところかまわず騒ぎ立てるので、人心も悪くなり、世の習わしも乱れてしまい、卑賤のものが国を奪い取って、たちまち君主ともなる国である。それゆえ上のものは、下のものにその地位を奪われないように構えをし、下のものは、上のものの隙をとらえてその地位を奪おうと謀《はか》りごとをして、上と下とが相互に敵となりあって、古えより治まることのない国である。そのなかでも威力あり、智恵をもち、人民を手なずけて、人の国を奪い取り、あるいは自国を奪われまいとする謀りごとばかりをして、しばらく国を治めて、後の世の模範ともなった者を、唐土《もろこし》では聖人というのである。例えば乱世には、引き続く戦争から自ずから多くの名将が生まれてくるように、風俗は悪く、治まり難い国を、強いて治めようとすることから、代々その治術をさまざまに思いめぐらし、治め方をも身につけた賢い人びとも生まれてくるのである。聖人とはこのような者であるのに、神のように特別な、不思議な働きをする徳を自ずから備えたものと思うのは、間違いである。

聖人の作る道

さてその聖人どもによって作り出され、制定されていったものを道というのである。▼5 それゆえ漢《から》における道というものの主旨を尋ねてみれば、それはただ人の国を奪うための方策と、人に国を奪われないための構えの二つに過ぎないことが分かる。そもそも人の国を奪い取るためには、万事に心を砕き、身を苦しめながら善いことのかぎりを尽くして人を手なずけるゆえ、聖人とはまことの善人に見え、その聖人が作り整えた道も立派で、不足なく、めでたいように見える。けれども、その聖人自身がもともと道に背いて主君を滅ぼし、その国を奪った張本人なのであるから、みな偽りであって、聖人が善い人であるはずはなく、きわめ付けの悪人である。もともと聖人の穢い心から作られた、人を欺くための道であるゆえか、後世の人びとも上辺《うわべ》だけは尊重する風を見せながら、実際にはだれ一人として守ろうと務めるものもない。こうして聖人の道は国の助けになることもなく、その虚名のみ広がり、世に行われることもなくて、ただ徒に相手を誹《そし》り合う儒者たちのさえずり種《ぐさ》になってしまったのである。ところが儒者たちはただ六経[6]などという書物だけによって、彼の聖人の国こそ道の正しい国であるなどと声高くいったりするのは、大間違いである。

このように道を作り出して、それで正そうとするのは、もともと道が正しくないからする作為の業《わざ》であるのに、かえってそれを聖人の卓越した業とするのは馬鹿げている。そもそも後世にこの聖人の道をそのままに行ったという人でも居ればまだしも、そのような者は一人としていないことは、彼の国の代々の歴史書を見れば明らかである。」

4　徂徠と宣長

宣長による儒教的国風からなる漢の風を「異国のさだ」として否定的に記述することの中に荻生徂

徠の古学の悪用というか、その否定的な受容があることはすでに前章の注中でいった。徂徠蘐園派の古学と詩文の風は一八世紀徳川日本の文化世界を支配するかのごとくであった。若き宣長も京都で堀景山の下で儒学を学び、その景山を介して徂徠とその古学を知ることになる。徂徠における『六経』の古学なくして宣長における『古事記』の古学はないということができる。その影響は古言による古事の解明という古学の方法だけではない。『弁道』『弁名』という徂徠による既成儒学概念の解体とその古学的再構成はきわめてあくどい形で宣長に学ばれていく。代表的には「聖人」概念である。徂徠は「聖人」とは「制作者」であるという。

「聖とは作者の称なり。楽記に曰く、作る者これを聖と謂い、述べる者これを明と謂うと。表記に曰く、後世作者有りといえども、虞帝には及ぶべからざるのみと。古えの天子は、聡明叡智の徳有りて、天地の道に通じ、人物の性を尽くし、制作する所あり、功は神明に侔《ひと》し。利用厚生の道、ここにおいてか立ちて、万世その徳を被らざることなし。」(『弁名』「聖」第一則[7])

徂徠は「聖人」を人間の祭祀的・社会制度的・文化的体系の「制作者」だとする。この聖人概念の革新から、新たな社会哲学的儒学としての徂徠学の展開もあるわけだが、宣長はこの徂徠による聖人概念の革新から強い権力意志をもった制作者=聖人による詐術的支配からなる社会を〈漢〉に想定していくのである。すでに引いた『直毘霊』の「聖人批判」の言葉をもう一度ここに引いておこう。

「その聖人どもによって作り出され、制定されていったものを道というのである。それゆえ漢《から》における道というものの主旨を尋ねてみれば、それはただ人の国を奪うための方策と、人に国を奪われないための構えの二つに過ぎないことが分かる。」

徂徠のこの「聖人」概念の革新を含む『弁名』の草稿ができたのは享保二年（一七一七）に近い時期だとされる。▼8 一方、宣長の『直毘霊』が成ったのは明和八年（一七七一）である。徳川日本一八世紀のほぼ五〇年の間に〈漢〉の聖人像は権力簒奪者像に塗り替えられるのである。

5　徳川日本一八世紀と〈漢〉像の変容

日本は一五世紀末からほぼ一〇〇年にわたる戦国時代という長期の内乱の時期を経過して一七世紀初頭から徳川幕府による安定的な統治の時代に入る。欧米の日本研究者たちは一八六八年の明治維新にいたるこの時代の日本を「徳川日本」と呼んでいる。この呼び方は「近代日本」に先立って存在したもう一つの統一国家日本を指すものとして相応しいと私は思っている。ところで「徳川日本」と呼びうる日本が為政者の政治的自覚とともに成立してくるのはいわゆる「享保の改革」を遂行した八代将軍徳川吉宗の時代だと思われる。[9]吉宗の改革は法制・財政・行政・文化からイデオロギーに及ぶ体制の全的変革をめざしたものであった。徂徠は吉宗が将軍職に就いてほぼ一〇年を経た時期、享保一三年(一六二八)に世を去るが、彼の「聖人＝制作者」観は吉宗に体現されていったと見ることはできる。

では徂徠の「聖人＝制作者」観から権力意志をもった政権簒奪者を読み出していった宣長はその聖人に非ざる天皇の国日本の道(国家原則)をどのように考えるのか。『直毘霊』の冒頭で宣長は私が絶対的保守主義と呼ぶ皇統の連続性を体現する天皇像を導き出している。

「千万御世の御末の御代まで、天皇命《すめらみこと》はしも、大御神の御子とましまして、天つ神の御心を大御心として、神代も今もへだてなく、神ながら安国と、平けく所知看《しろしめ》しける大御国になもありければ、古への大御世には、道といふ言挙もさらになかりき。」

この神祖に由来する天皇位の継承、あるいは皇統の連続性だけに御国の優越性を見るような天皇観、私が〈絶対的な保守主義〉と呼ぶ天皇観は一八世紀後期・徳川日本の伊勢松坂の国学者によっていい出されるのである。ただ天皇位の連続的継承だけにこの国の絶対的な優越性を見る天皇観の言説的な構成の由来をわれわれは尋ねることはできるが、しかしなぜこの時期に、この宣長に成立したのか。だが私にはこの天皇観の成立の由来をめぐる特殊に思想史的な追求をここでする余裕はない。ただ一八世紀後期・徳川日本の世界史的な環境について触れておきたい。中国における明の滅亡と清の成立は徳川日本の成立とその時期を同じくしている。大国明の衰亡と異民族王朝清の成立は徳川日本を構成する多くの人士にとって自国の存立基底にかかわることとして認識されていたはずである。宣長における「異国」としての〈漢〉像の否定的変容と絶対的保守主義としての天皇国家の優越的主張とは深くかかわることである。中国における明の衰亡と異民族王朝清の成立という大きな政治変動は宣長の絶対的保守主義的な天皇国家の優越的主張をもたらすと考えたい。それとともにこの主張にはやがてアジアに起きる民族主義的国家日本の西欧への対抗的形成への早い反応としても見ることができる。

6　絶対的保守主義的天皇制

近代日本の帝国憲法はその第一条に「大日本帝国ハ万世一系ノ天皇之ヲ統治ス」といい、第三条は「天皇ハ神聖ニシテ侵スベカラズ」というが、この天皇の尊厳性は絶対的保守主義的な天祖神に由来する皇統の連続性にある。そしてこの天皇の神聖性を否定した戦後の日本国憲法は第一条に「天皇は、日本国の象徴であり日本国民の統合の象徴であって、この地位は、主権の存する日本国民の総意に基く」という。この天皇は「万世一系」という修飾語をもたないが、神聖な皇統の継承者であることは暗黙の前提である。しかも皇統の連続性を担う天皇が「国民の統合の象徴」となることによって、国民の統合性は常に絶対的な保守主義的な性格をもって維持されることになる。国家国民の揺るぎない統合性はなお神聖な皇統の継承者である「象徴天皇」によって維持されるのである。このように見てくると、『直毘霊』の絶対保守主義的天皇観は二一世紀日本においてもなお維持されているのである。

国民の分裂を招きかねない政治的不安定のなかで、国民統合の象徴である天皇の存在意義があらためて再確認されたりする昨今、われわれはあらためて宣長の絶対保守主義的天皇観の成立が省みられねばならない。それは決して神国日本の不変の国家原則ではない。それは大国中国を権力簒奪者による国家すなわち「異国《あだしくに》」と価値貶下する宣長によって一八世紀アジア世界の日本で〈神世〉より呼び出された理念的構成物である。

注

▼1　吉川幸次郎『仁斎・徂徠・宣長』岩波書店、一九七五。

▼2　子安『宣長と篤胤の世界』中央公論社、一九七七。なおこの書は『平田篤胤の世界』（ぺりかん社、二〇〇一）に再録されている。

▼3　本書第二章「神の道の成立」の現代語訳『直毘霊』による。

▼4　「異国のさだ」、稿本『古事記伝』が収める『道云事之論』では「異国之定」となっている。異国の決まった風、やり方。ここで異国とは漢《から》の国であるが、これを御国と異なる別種の国として差異化する。

▼5　荻生徂徠は「聖とは制なり」として、聖人を道の制作者とする。これは聖人（先王）とは礼楽の道という人間の文化的・社会的体系の制作者であることをいうのである。ここから宣長は聖人によって作られた道という〈作為性〉の否定的な意味だけを拡大して導き出し、聖人の権力意志による虚偽的な詐術としての道をいっていくのである。

▼6　「六経」とは、中国古代の先王の事績および習俗文化の記録であるが、孔子によって編まれたとされ、経書として尊重されていった。詩・書・礼・楽・易・春秋をいう。徂徠は先王（聖人）の道が備わるものとして「六経」を重視した。ここで宣長が「六経」をいうのは、徂徠派の儒者を意識してである。

▼7　子安宣邦『徂徠学講義――『弁名』を読む』岩波書店、二〇〇八。

▼8　日本思想大系本『弁道』『弁名』の校訂者西田太一郎はこういっている。「「弁道」の末尾に「享保丁酉秋七月望　物茂卿」と記されていて、享保二年に草稿ができあがった。「弁名」はそれとほぼ同時期に、あるいは、やや遅れてできたと思われる。」「解題」日本思想大系36、岩波書店。

▼9　徳川吉宗の将軍職在位期間は一七一六年～四五年である。

あとがき

およそ一〇年ほど前、古典の現代語訳を文庫として出している出版社から本居宣長の「神」をめぐる論説の現代語訳の依頼があった。私は『古事記伝』における「神」をめぐる注釈学的な論説や『直毘霊』の「神の道」をめぐる漢意批判の意を強くもった言説を現代語訳して編集者に示した。だが国学的な文体、文意を多く残した私の訳文は編集者の容れるところではなかった。私は出版社の否定的意向とは別に国学の現代語訳の仕事を、宣長国学に篤胤国学を対置しながらやり続けた。こうして『神と霊魂』あるいは正統的な「神」の天皇論的宣長国学と異端的な「霊魂」の救済論的篤胤国学をめぐる現代語訳の文章が書かれ、筐底に残されることになった。その文章が『「維新」的近代の幻想』の出版を担当してくれた作品社の福田隆雄氏の目にとまり、出版を勧められた。私はその文章をあらためて読み直し、「神と霊魂」のタイトルを付して、市民講座でも講じていった。私はこの「神と霊魂」の現代的意味を再確認し、喜んで氏の勧めに応じることにしたのである。

付論にも記した宣長国学の絶対的保守主義としての天皇論と篤胤国学の民衆的本領とがこの書を通じてより多くの人びとのものになることを願うとともに、この書の出版に導いてくれた福田氏に心から感謝したい。

二〇二二年五月一〇日　　子安宣邦

[著者紹介]

子安 宣邦（こやす・のぶくに）

1933年生まれ。東京大学文学部卒業。東京大学大学院人文科学研究科（倫理学専攻）修了。文学博士。大阪大学名誉教授。日本思想史学会元会長。

著作は韓国・台湾・中国で翻訳され、多くの読者を得ている。現在、中国で作品集が刊行中である。東京・大阪で市民のための思想史講座を開催している。

主な著作：『日本近代思想批判』『江戸思想史講義』（岩波現代文庫）、『漢字論』（岩波書店）、『「近代の超克」とは何か』『和辻倫理学を読む』（青土社）、『「大正」を読み直す』（藤原書店）、『仁斎論語』上・下（ぺりかん社）、『「維新」的近代の幻想』（作品社）など多数。

神と霊魂《たま》
——本居宣長・平田篤胤の〈神〉論アンソロジー

2022年9月20日　第1刷印刷
2022年9月25日　第1刷発行

著者———子安 宣邦

発行者———福田隆雄
発行所———株式会社作品社
〒102-0072 東京都千代田区飯田橋 2-7-4
tel 03-3262-9753　fax 03-3262-9757
振替口座 00160-3-27183
https://www.sakuhinsha.com
本文組版——有限会社閏月社
装丁————伊勢功治
印刷・製本——シナノ印刷(株)

ISBN978-4-86182-928-4 C0010

子安宣邦の本

「維新」的近代の幻想

日本近代150年の歴史を読み直す

はたして、"明治維新"は、近代日本の"正しい"始まりなのか？　横井小楠、鈴木雅之、石田梅岩、津田左右吉、戦没学生たち……、忘れられ、抹殺されてきた一群の思想的血脈があった。その思想を紐解き、「近代化」論に一石を投じる日本思想史の第一人者による歴史の読み直し。

〈古事記〉講義

「高天原神話」を解読する

"いま、古事記を読む。これは、もうすぐれて現代日本をめぐる問題なのだ。"宣長の『古事記伝』をはじめ、次田潤、倉野憲司、西郷信綱、西宮一民らの従来の国文・国語学者の代表的「古事記注釈」を参照、それら諸注の批判的解読作業（評釈）を通じて、日本思想史の第一人者が読みこむ画期的読解。